LES ÇAKRAS

l'anatomie occulte de l'homme

Michel COQUET

LES ÇAKRAS

l'anatomie occulte de l'homme

ÉDITIONS DERVY
91, boulevard Saint-Germain
75006 PARIS

Nº ISBN 2.85076.150.8

A ma mère

« Il est dur de quitter les voies familières et présentes pour retourner aux anciennes, car les apparences sont délicieuses et l'invisible est incroyable. »

Hermès Trismégiste.

OUVRAGES DU MÊME AUTEUR

Aux Éditions Dervy
– **Les çakras ou l'anatomie occulte de l'homme** (1982).
– **Les çakras et l'initiation** (1985).
– **Kailash, montagne sacrée du Tibet** (1989).

Chez d'autres éditeurs
– **Lumière de la grand loge blanche**
L'Or du Temps (1982).
– **Maîtreya le Christ du nouvel âge**
L'Or du Temps (1984).
– **L'arche d'alliance**
Robert Laffont (1984).
– **Budo ésotérique**
L'Or du Temps (1985).
– **Bouddhisme ésotérique japonais**
(1986) – épuisé.
– **Savoir mourir**
L'Or du Temps (1986).
– **La Doctrine des avatars**
L'Or du Temps (1986).
– **Demeure de la paix suprême**
L'Or du Temps (1987).
– **Iai-Dô ou l'art de trancher l'ego**
L'Or du Temps (1987).
– **Israël, terre sacrée d'initiation**
Arista/L'Or du Temps (1988).
– **Devas ou les mondes angéliques**
L'Or du Temps (1988).
– **Pèlerinage au cœur de l'Inde.**
– **Pouvoirs psychiques et réalisation spirituelle.**
– **Le Maître tibétain (Djwal Khool).**

PROLOGUE

Les Orientaux ont développé au cours des millénaires un esprit d'introspection et leur prérogative fut le pouvoir d'approfondir leur nature invisible et d'en percer les subtils secrets. Des siècles de régime strictement végétarien et d'ascétisme mystique leur ont donné un tempérament léthargique les prédisposant à la méditation et à la contemplation. Il n'est donc pas étonnant que notre frère oriental ait appris bien des choses que nous ignorons encore sur les fonctions de la contrepartie spirituelle de l'homme physique.

L'Occidental, quant à lui, agit moins par la méditation que par l'action et la réflexion. Son mental dynamique, voire turbulent, lui permet une approche de la connaissance plus rationnelle, ce qui contribua au développement de la science moderne.

L'Occidental est donc surtout un créateur de civilisation, alors que son frère oriental fut surtout un créateur de religion. Ces deux grands continents apprirent chacun les leçons nécessaires à leur épanouissement et développèrent les qualités de leur expression raciale respective. Les qualités et les défauts qu'ils développèrent peuvent être d'une manière générale ainsi décrites : l'Oriental devint un ascète souvent extrémiste dans sa pratique religieuse et l'Occidental, s'étant épris d'une science sans conscience, devint une machine sans âme et prostitua ses découvertes à des intérêts personnels.

Si religion et science vécurent heureuses et unies dans la lointaine Antiquité, il en est tout autrement de nos jours. Un réel effort est nécessaire afin que notre petite pierre vienne s'unir aux efforts des gens de bonne volonté et qu'ensemble nous construisions une magnifique pyramide offrant comme aux temps jadis son mysticisme scientifique et sa science religieuse, car jamais l'un n'a vécu sans l'autre. L'homme est matière et esprit ; cette vérité donna naissance à la science et à la religion. On conçoit donc l'absurdité de supposer un seul instant que le corps puisse survivre sans la présence permanente de l'esprit ou, en d'autres termes, que la science puisse s'élever sans conscience.

Ainsi notre effort, aussi modeste soit-il, est d'unir à nouveau ce que les hommes ont voulu séparer : l'âme et son mécanisme. Nous reconnaissons cependant qu'un dessein sous-jacent avait peut-être prévu ce déroulement et que de cette façon un aspect positif ait germé et porté ses fruits. Ainsi, le rationalisme occidental a certainement contribué à éviter les excès d'un mysticisme fanatique, superstitieux, voire fantaisiste, et la contemplation orientale, même dans ses excès, a permis de démontrer de façon expérimentale la puissance de la volonté sur le corps et également de faciliter une étude approfondie de l'ontologie grâce au développement et à l'application de facultés psychiques et spirituelles comme moyens d'étude et d'introspection. Comme nous pouvons le constater, l'Orient s'attache (ou réagit) aux causes et aux forces (l'esprit), alors que l'Occident centre surtout son intérêt sur le monde phénoménal, celui des effets et des formes (les corps). Les Maîtres de Sagesse orientaux et occidentaux, sachant cela, ont donc mis au point des systèmes religieux, mystiques et initiatiques conformes aux capacités de chacune de ces races afin de permettre un épanouissement intérieur de l'homme et surtout d'éviter les risques nombreux dus à certaines techniques psycho-physiques qui, si elles s'avèrent utiles pour certains, peuvent rester inefficaces, voire dangereuses, pour d'autres.

Il semblait donc intéressant de synthétiser en un tout harmonieux le visible et l'invisible, afin de mettre à la portée du lecteur un condensé permettant une approche simplifiée se rapportant à cette branche de la Yoga connue en Inde sous le nom de Laya Yoga, ou Yoga des centres. Cependant, nous n'avons aucunement l'intention d'enseigner ou de conseiller une technique ou une méthode quelconque, étant donné que chacun doit être à même de découvrir sa propre école traditionnelle, celle qui répond le mieux à ses aspirations du moment. Du Laya Yoga, nous ne garderons donc que l'étude particulière sur les centres psychiques ou çakras.

Bien des étudiants avancés sur le sentier mystique ont mis l'accent sur le fait que l'homme véritable n'est pas l'ensemble de ses corps denses ou subtils, mais qu'il est avant tout un « Soi Divin » faisant partie intégrante d'un grand Tout, je dirai même d'un Absolu. De nombreux auteurs initiés ont traité de ce Soi Divin avec éloquence et connaissance ;cependant, moins nombreux sont les chercheurs qui ont approfondi le corps éthérique, corps d'énergie unissant le corps physique au Soi Divin, permettant à ce dernier d'influencer et de transmettre son dessein à la forme terrestre afin que l'intention divine puisse finalement s'exprimer sur la terre à travers une personnalité rendue parfaite et s'exprimant en puissance, en amour et en sagesse.

Les Maîtres de la connaissance insistent particulièrement sur le fait que ce corps éthérique ou vital est le responsable de nombreuses maladies et que sa reconnaissance par la science permettrait un progrès spectaculaire dans le domaine de la médecine. L'étude du corps éthérique est restée depuis longtemps le domaine réservé de l'élite des clairvoyants initiés, je parle bien entendu des véritables Initiés dont la vision débouche sur un autre plan de conscience que celui des voyants tout juste capables de percevoir les fantasmagories de l'astral inférieur, refuge des fantaisies, des désirs inassouvis, des mirages. De ce fait, peu nombreux sont les étudiants capables de savoir que tel ou tel centre psychique de leur corps éthérique est hyper-actif ou au contraire hypo-actif.

Nous avons donc cherché à combler cette lacune car, contrairement à la croyance, peu de gens sont de véritables clairvoyants, et pour cela nous avons pris comme point de départ la grande loi cosmique qui veut que le corps physique soit l'exacte reproduction de son archétype vital. Ce corps est, nous le verrons en détail, constitué d'un ensemble de fils d'énergie très finement entrecroisés. Lorsque plusieurs de ces filaments d'énergie se croisent au même endroit, cela crée un centre radiant de force concentrée que nous appelons un centre psychique et que les Orientaux nomment çakra (roue) ou padma (lotus) en raison du fait que, perçu par clairvoyance, un centre, s'il est inactif, ressemble à une simple roue, et s'il est actif, prend l'apparence d'une fleur de lotus épanouie et irradiante, constituée de plusieurs pétales de différentes couleurs, ces couleurs n'étant que les manifestations des taux de fréquence vibratoire de l'énergie des pétales du centre. Les occultistes et les mystiques des anciennes traditions acceptent l'idée que l'homme est né lumière et qu'au cours du temps cette lumière s'est peu à peu voilée à mesure que l'homme a développé des corps de moins en moins subtils, jusqu'à devenir l'homme terrestre que nous sommes maintenant. Cependant ce corps est entièrement construit sur le moule du corps vital, ses nerfs sont la reproduction des filaments d'énergie du corps vital. De même, chaque centre psychique s'est au cours du temps extériorisé physiquement sous la forme d'une glande endocrine (c'est-à-dire à sécrétion interne). Bien entendu, l'étude des glandes et la parfaite compréhension de leurs différentes fonctions ne permettront jamais de remplacer la connaissance acquise par la vision intérieure, mais il reste possible, en approfondissant la nature de nos pensées, en déterminant quelles sont nos qualités ou nos vices, nos tendances les plus secrètes, nos traits de caractères, nos idéaux, de définir, par la connaissance des qualités des glandes elles-mêmes, lesquelles sont à développer ou au contraire à régulariser. Bien entendu cette recherche n'est pas toujours facile car un vice ou une qualité sont souvent déterminés par l'interaction de plusieurs glandes. Il convient donc de faire soi-même l'étude nécessaire, l'auteur ne faisant ici que donner les outils.

Nous allons prendre un exemple très simple. Une personne hyper-active dans la vie quotidienne, toujours énervée, ne tenant jamais en place, très émotive de surcroît, mais ayant une bonne santé et une bonne ossature ainsi qu'une grande vitalité intellectuelle, pourra présumer avec un bon pourcentage de chance qu'elle appartient à la catégorie des hyper-thyroïdiens (il existe bien d'autres signes que chacun pourra découvrir). Dans un tel cas, il faut étudier et méditer sur le centre correspondant ou plutôt sur les qualités de sa nature (et non pas sur le centre lui-même), puis essayer de conformer sa vie et ses pensées au dessein du centre, qui ici sera le centre laryngé, afin de les harmoniser avec lui. Ainsi, en changeant la nature de nos pensées, nous pouvons remédier aux problèmes psychologiques et physiques, tant il est vrai que l'énergie suit la pensée ou, comme l'affirment les mystiques, que la pensée est créatrice. Nos pensées quotidiennes, surtout lorsqu'elles s'expriment avec une grande proportion de libre arbitre ou, en d'autres termes, lorsque notre conscience objective agit par sa propre volonté, affectent, selon l'intensité de nos émotions, les centres psychiques majeurs, les inhibant ou les stimulant. Nous savons que ce sont ces centres de force qui envoient certaines énergies qualifiées dans toutes les parties du corps par l'intermédiaire des systèmes nerveux, systèmes importants puisqu'ils vont eux-mêmes agir et conditionner tout le système endocrinien. Les glandes endocrines si elles sont inactives causeront des tares génétiques importantes, actives elles produiront des facultés extraordinaires ; par exemple un crétin auquel on administre de la thyroxine pourra redevenir normal. Les glandes agissant les unes sur les autres déterminent donc chez l'individu son tempérament, son caractère et sa personnalité, ainsi que ses facultés tant physiques que spirituelles, le courant sanguin étant porteur, via les hormones, de forces et d'énergies à prédominance constructive, ou au contraire destructive. Bien entendu, il ne s'agit pas de croire qu'il existe de bonnes et de mauvaises glandes, car toutes sont d'égale importance, mais les bons effets résulteront de glandes parfaitement actives et les mauvais de glandes inactives.

Notre étude portera donc tout spécialement sur le triple instrument de l'âme, à savoir :

— Les sept centres majeurs de force, système qui, vu sous l'angle circulatoire, est gouverné par la lune.
— Les trois systèmes nerveux, le cérébro-spinal, le sympathique et le périphérique que l'on dit régis par Vénus.
— Le système endocrinien qui est l'extériorisation la plus dense des deux systèmes précédents et qui est gouverné par Saturne.

En ce qui concerne le nombre des centres importants, j'ai confronté des thèses quelque peu différentes. Les Orientaux et les théosophes mentionnent sept centres d'importance majeure : le centre coccygien, le centre sacré, le centre solaire, le centre cardiaque, le centre laryngé, le centre frontal et le centre coronal. L'école Shingon japonaise omet le centre sacré et donne le centre des épaules et les deux centres situés sur chaque genou. D'autres écoles unissent en un tout la pinéale et la pituitaire. Toutes ces théories sont bonnes mais procèdent simplement de techniques différentes.

Il semble en définitive qu'il y ait douze centres psychiques : les sept majeurs cités ci-dessus, plus le centre éthérique de la rate (différent du centre sacré), une partie spirituelle à l'intérieur du cœur physique, les parathyroïdes comptant pour deux, et l'alta-major. Les autres centres mentionnés dans les écrits orientaux sont à mettre dans la catégorie des centres moyens ou mineurs.

J'aimerais à nouveau préciser au lecteur non averti qu'en ce qui concerne le choix d'une méthode pour apprendre à stimuler les centres et le corps psychiques, il est impératif de prendre conscience que la vie citadine et la pollution qu'elle implique peut apporter de nombreux dangers à ceux qui, contre toute prudence, s'adonnent à des techniques spécifiques sur les centres situés le long de l'épine dorsale. On peut affirmer que, de nos jours, un disciple sur mille naît avec des conditions karmiques favorables à cette forme d'ascèse, qu'il s'agisse de son pays de naissance, de sa condition sociale ou de son véhicule physique. Il est vital de savoir qu'une très longue préparation est nécessaire avant d'être mis en présence d'un instructeur éclairé et une vie n'est pas toujours suffisante. Pour cela, il existe en Occident des écoles traditionnelles parfaitement compétentes qui évitent avec sagesse tous les excès et prennent en considération les conditions difficiles et contraignantes de notre société. Dans de telles écoles, un enseignement non sectaire et non dogmatique est proposé à l'aspirant, ainsi qu'une technique initiatique équilibrée et harmonieuse, afin que des valeurs nouvelles imprègnent toutes ses pensées et lui permettent d'exprimer, grâce à une personnalité magnétique et bien intégrée, le dessein de son âme. Cette condition est essentielle avant que ne soit entrepris un entraînement purement psychique, l'école lui enseignera les raisons profondes qui le poussent à vouloir progresser vers un objectif qui n'est pas toujours reconnu, elle posera la question du juste motif à laquelle devra répondre le néophyte selon sa propre vision, et cela avant de pouvoir parcourir le sentier difficile de la réintégration ; enfin elle insistera sur la notion fondamentale du SERVICE. Si tout cela est parfaitement compris et réalisé, les exercices spirituels de concentration et méditation donneront rapidement de fructueux résultats.

L'intention de cet essai est de rendre accessible dans la mesure du possible une connaissance qui trop longtemps est restée voilée par une terminologie orientalisée qui le plus souvent n'avait d'intérêt que pour l'élite intellectuelle des familiers du sanskrit. Le lecteur doit être prévenu que l'auteur de ces lignes ne revendique que bien peu des connaissances données dans cet ouvrage. Une petite partie lui fut communiquée à partir de l'enseignement de l'école Shingon (secte ésotérique et tantrique nipponne) par l'intermédiaire d'un maître de Kyudo (tir à l'arc Zen). Maître Masahiko Tokuda ; qu'il en soit ici affectueusement remercié. D'autres connaissances viennent du Maître de Sagesse Djwal Khul mieux connu sous le pseudonyme du « Tibétain », qui aida à la compilation de la Doctrine secrète de H.P. Blavatsky et à l'œuvre non moins exceptionnelle transcrite par A.A. Bailey. D'autres informations proviennent d'une grande fraternité initiatique d'Occident : l'Ordre Rosicrucien A.M.O.R.C. dont l'une des techniques d'épanouissement spirituel concerne l'utilisation des sons de voyelles (ou mantras) et la connaissance de leurs relations avec les centres psychiques et les glandes endocrines. D'utiles informations m'ont également été données par l'Eglise Catholique Libérale dont l'un des évêques fondateur fut le grand clairvoyant Mgr C.W. Leadbeater à qui l'on doit un exceptionnel ouvrage sur les çakras. Enfin, les données traditionnelles hindoues concernant les çakras ont été tirées des ouvrages les plus sérieux tels que ceux d'Arthur Avalon, du Lama Anagarika Govinda, d'Aurobindo, de Tara Michaël et de Jean

Herbert. De tout cela, une synthèse s'imposait afin de permettre une approche plus pratique qu'intellectuelle des centres psychiques.

I.

« Au commencement, le Verbe était et le Verbe était avec Dieu et le Verbe était Dieu. »

Saint Jean I, 1.

LA CRÉATION

Pour comprendre la nature de l'homme et de ses centres spirituels, il est indispensable que nous émettions quelques idées simples concernant les forces qui entrent en action dans le processus de la création planétaire. Cela nous permettra de saisir plus aisément la nature de ces mêmes forces entrant dans la composition de l'entité humaine. Cette petite mise au point abordera uniquement la manifestation archétypale triadique de Dieu et de l'homme, trinité que l'on trouve à la base de toute religion ou tradition. Cela nous permettra aussi de saisir l'importance de l'aspect triadique. On gardera également à l'esprit que l'énergie primordiale (Akasha ou Noüs) est double en nature mais triple en manifestation, et qu'une fois différenciée en ondes multiples (prana) dans l'univers visible, elle agit par un système harmonique, selon un grand clavier cosmique de quatre-vingts octaves commençant par deux vibrations à la seconde. et finissant à la dernière octave par des trillions de vibrations à la seconde.

« Les octaves constituent non seulement un ensemble de notes, mais aussi un ensemble de manifestations.

C'est ainsi que les dix premières octaves produisent les sensations du toucher et de l'ouïe, des manifestations qui peuvent être senties et mêmes vues et les manifestations du son. Les octaves suivantes (1) donnent d'autres manifestations, et ainsi de suite, d'un bout à l'autre des quatre-vingts octaves du clavier cosmique (2). »

Dieu, origine de toutes choses

Quelle que soit l'interprétation que chacun puisse faire du terme de Dieu, elle restera toujours limitée par celui qui cherche à en connaître la nature. Il peut être considéré soit comme absolu, soit comme néant, selon qu'il se manifeste ou non. Mais, puisque Dieu est infini, il est tout naturellement indéfinissable.

Pour avoir toutefois une certaine idée de cet état divin non manifesté, nous allons emprunter quelques lignes au Rig Veda, l'une des plus anciennes écritures sacrées hindoues cherchant à décrire l'état antérieur à la création :

« Il n'y avait alors ni entité, ni néant ; l'atmosphère n'existait pas, ni le ciel qui est au-dessus. Qu'est-ce qui enveloppait ? Où, dans quel réceptacle ? Etait-ce l'eau, l'abîme profond ? Il n'y avait, alors, ni mort, ni immortalité ; il n'y avait pas de distinction entre le jour et la nuit ; étant Un, cela respirait calmement, dans l'indépendance ; il n'y avait rien de différent de lui ou au-dessus de lui. L'obscurité existait ; à l'origine enveloppé de ténèbres, cet univers était une eau que l'on ne pouvait distinguer. »

Cette existence unique et sans forme est appelée dans la Kabbale « Ain Soph Aur », la lumière sans limite. Elle fut aussi appelée l'océan de pouvoir inactif du créateur, ou encore la cause éternelle et absolue de tout

---

(1) Sont assimilés à ces hautes vibrations nos centres psychiques.
(2) *Manuel Rosicrucien.*

ce qui est et demeure. On représente cet état par un cercle, symbole d'éternité, avant que n'apparaisse le point, au centre. On peut comparer cet espace non différencié à la céleste Vierge universelle, la Mère de toutes les formes à venir, que Platon nommait « L'Ame du Monde ». Cette grande substance (1) en attente est appelée en Inde Akásha, et les Rose-Croix lui donnent le nom de Noüs.

Première union Père-Mère

Lorsqu'arriva la fin des ténèbres et du repos, Dieu, la conscience de celui de qui rien ne peut être dit, émit une expiration cosmique. Le premier souffle du Verbe, le Fils. On peut imaginer Dieu soufflant dans une paille à l'intérieur d'une coupe emplie d'eau, l'eau serait la substance en attente, et le souffle d'air la vitalité du souffle du divin créateur. A cette action, nous pouvons associer cet extrait de la Genèse : « Et Dieu dit : Que la lumière soit et la lumière fut (2). » Lorsque ce premier souffle de Dieu heurta la substance akashique, cela provoqua une pulsation, la première vibration et le commencement d'un certain rythme rotatoire (3) duquel procédèrent tous les cycles de la manifestation. On peut conclure de cette première action :

---

(1) Dans le premier chapitre de la Genèse, cette substance mère primordiale est appelée « Les abîmes d'eau », et un verset nous dit : « Et l'esprit de Dieu se mouvait au-dessus des abîmes d'eau. »

(2) Ces bulles sont assimilables à la première lumière existant avant le soleil. Cela représente les tous premiers éléments de la matière simple, les autres atomes vivifiés par le soleil ne sont que des compositions plus complexes de l'atome primordial. Cependant, en tant que matière visible, on peut dire que c'est l'électron qui en est la plus petite partie.

(3) Ces sphères, au nombre de dix dans la Kabbale, sont appelées des émanations ou Séphiroth ; les trois supérieures sont identifiables à la trinité divine et les sept autres aux sept centres psychiques de l'homme.

« Que deux forces divines différentes, venant de la deuxième personne et de la troisième personne de la Trinité, sont à l'œuvre pour construire les différentes matières de l'univers. La première de ces forces fournit la première matière ; puis agit la deuxième force qui produit les atomes de chacun des mondes créés (par exemple : de la pensée, des émotions, le monde physique). La première force, parce qu'elle est aussi à l'origine de la vie, oblige les atomes de base de chaque monde à se combiner les uns aux autres, pour former comme des étoffes de plus en plus épaisses (1). »

L'Akasha, qui n'a pas encore été touchée par la volonté active de Dieu le Père, est une substance sombre. Lorsque sonne le « Fiat » créateur, l'Akasha devient de façon plus réelle ce qu'elle est supposée représenter. En effet, sa racine « Kas » signifie « rayonner » et possède à ce moment le sens d' « Aether » donné à l'espace par les mystiques et savants modernes. Et c'est seulement à ce moment que lui conviennent les expressions de Saint-Esprit pour les chrétiens gnostiques, Mysterius Magnum pour les alchimistes, ou Lumière Astrale pour les martinistes. A partir de ce moment, on peut visualiser le symbole du cercle avec au centre un point positif rayonnant.

L'Unique s'est maintenant dédoublé, la matière inerte (Akasha) a été touchée par son souffle (Prana), et decette union apparaîtront planètes et humanités. L'esprit pur de Dieu est désormais au centre de toute « EXISTENCE », comme source de vie produisant tout ce qui est convenable au dessein cosmique.

Avant de progresser plus avant dans la Trinité, définissons les deux natures complémentaires dont nous venons de parler, c'est-à-dire Dieu le Père, le point au centre de la sphère, et Dieu la Mère, la sphère elle-même.

---

(1) *Catéchisme des enfants de l'ère atomique,* Mgr André Lhote.

Le Père ou Esprit Divin (1er Logos)

Cette première apparition de Dieu lui-même au sein de toute manifestation est appelée le feu électrique du Pur Esprit. C'est le UN, la monade de Pythagore qui contient tout en elle. Cette étincelle divine en chaque homme se manifeste par la volonté et le centre qui lui correspond est le centre coronal.

Le symbole du Père ou feu électrique est une ligne verticale (épine dorsale) coupant une sphère en deux parties ; c'est le rayon de lumière divine pure descendant du ciel sur l'océan d'Aether (ou d'eau) qui attend d'être fécondé.

La Mère ou Matière Intelligente (3e Logos)

Cette énergie passive est appelée « le feu par friction » de la Mère ; cela se rapporte au feu dans la matière, car il brûle par friction et accélère le taux vibratoire de la rotation des sphères (2), leur action réciproque produisant la friction les unes contre les autres. Cette friction entre tout ce qui est de polarité opposée (Esprit-matière) devient le champ d'expérience des différents règnes apparaissant sur une nouvelle planète, allant du minéral le plus simple jusqu'à l'homme. Chez ce dernier cependant, la plus haute manifestation du feu par friction a lieu lorsque les énergies du centre frontal et du centre laryngé se combinent et fusionnent. Le symbole de la Mère est représenté par une ligne horizontale à l'intérieur d'un cercle et correspond dans l'homme au centre frontal.

(2) Qu'il s'agisse des premières sphères de feu planétaire ou des sphères du même feu que nous appelons « çakras » ou centres de force dans l'homme.

L'union cosmique du Père et de la Mère

A ce stade de notre étude, on est en droit de se demander pourquoi il fut necessaire à l'énergie de l'Esprit de pénétrer dans la substance de la matière. Prenons donc une image simple mais qui en dira plus qu'un long et complexe commentaire : cette image est celle de l'électricité, que tout le monde connaît. Nous savons tous que, pour produire de la lumière, il faut mettre tout près l'un de l'autre un fil positif (le père) et un fil négatif (la mère) ; cependant, ils ne doivent surtout pas se toucher au risque de provoquer un court-circuit. Ils sont donc uniquement rapprochés et maintenus à courte distance l'un de l'autre pour que la polarité de l'un agisse sur la polarité de l'autre et inversement, chacun cherchant à attirer l'autre dans son champ d'activité. Comme ils s'attirent mais ne peuvent s'unir, une tension va finalement être engendrée : c'est ce que nous appelons le feu par friction, et cette friction va finir par échauffer le fil de la lampe jusqu'à le rendre lumineux. On peut dire par analogie que lorsque l'homme est dans le noir absolu il est incapable de lire ou d'expérimenter et ne peut donc acquérir aucune « connaissance » avant la venue de la lumière. L'illustration de la lampe représente l'unité humaine, le fil positif étant assimilable à l'esprit, et le fil négatif au corps. L'union de ces deux forces détermine les expériences humaines basées sur le dualisme du monde manifesté. De cette expérience terrestre (symbolisée par la croix ou l'union des deux lignes verticale et horizontale), naîtra la lumière, c'est-à-dire la conscience au sein de la forme qui, de façon lente et progressive, va s'individualiser en passant par les quatre règnes de la nature, jusqu'à devenir une âme-personnalité puis un Soi divin réintégré dans le cinquième règne, celui des êtres devenus parfaits.

Ce troisième élément, ou Fils, par lequel apparaît la lumière, n'est cependant pas une création nouvelle.

Dans l'exemple de la lampe, on ne peut pas dire que l'électricité était absente, en fait elle était partout dans la pièce, il s'agissait seulement de réunir les conditions voulues pour qu'elle se manifeste. Dans l'homme, le fil qui s'échauffe et s'illumine est la personnalité exprimant les qualités de l'âme qui étaient latentes dans le premier souffle de Dieu et que l'enfant aspire lorsqu'il pousse le premier cri. C'est de cet enfant né du Père et de la Mère que nous allons maintenant parler.

Le Fils ou Feu Solaire (2e Logos)

Le Feu Solaire (1) est le mélange du feu de la matière et du feu électrique. Cela se traduit par l'apparition dans le temps et l'espace d'une personnalité cherchant à manifester les attributs de son âme. Ce qui est instinctif devient alors conscient et la personnalité peut désormais s'élever vers son Père, réintégrer le foyer avec une grande richesse d'expériences dont la plus sublime est celle de l'acquisition de la conscience du Soi divin. C'est là le symbole du fils prodigue dans la bible.

Le rapprochement dans l'espace de la volonté divine au sein de la matière a produit le système solaire objectif, le Christ Cosmique, dont la caractéristique est l'amour et dont la nature est sagesse spirituelle. Dans l'être humain, l'esprit-matière, ou plutôt la vie et la forme, donne naissance à l'âme-personnalité qui est le produit de l'expérience humaine à travers le monde des formes et qui manifestera un jour sur le plan terrestre l'amour et l'intelligence. Cette âme, pourtant, n'est que

---

(1) On remarquera que tous les fils de Dieu, Hermès, Krishna, Bouddha, Christ, etc., font partie du culte solaire car ce sont eux qui se manifestent sur terre comme des envoyés du Père Eternel pour révéler aux hommes la sagesse de la Mère Divine et la connaissance du Père Divin.

le véhicule de l'esprit tout comme le système solaire n'est que le véhicule du Christ Cosmique. Le symbole géométrique du feu solaire est admirablement représenté par un cercle avec au centre une croix, c'est-à-dire l'union de la barre verticale, l'esprit divin, et la barre horizontale, la matière. C'est ainsi qu'apparaît l'homme crucifié dans les quatre éléments de la matière. Lorsque l'homme s'élève au-delà des forces attractives des quatre éléments et réalise le Soi divin, le symbole devient celui d'une rose unique s'épanouissant au centre de la croix. La Rose-Croix devient alors le symbole de la perfection réalisée.

L'homme tel que nous le connaissons est donc le rapprochement de la vie et de la forme dont le résultat est la création d'un fils de Dieu individuel ou d'une unité de soi divin, réplique exacte d'un grand fils de Dieu (Krishna, Bouddha ou Christ). Dans l'humanité actuelle, la lumière est sous le boisseau, c'est-à-dire enfouie sous le voile de la matière dense ; l'expérimentation multiple des opposés (actif-passif) amènera cette conscience encore inconsciente d'elle-même à briller d'un tel éclat que les hommes eux-mêmes en seront témoins et, à l'égal d'un Moïse ou d'un Jésus, ils deviendront des soleils radiants et resplendissants. Chaque homme, chaque femme aspire à cet état qui ne surviendra que lorsque chaque cellule de son corps deviendra une sphère de gloire rayonnante, une lumière de feu et une source de radiation magnétique. Alors Christos, le Moi supérieur, apparaîtra.

Le Verbe doit être fait chair et se manifester sur le plan physique en tant qu'amour, pouvoir et intelligence. Il n'y a pas de fils unique de Dieu, car tous les fils des hommes nés de l'Esprit sont des fils de Dieu et doivent le démontrer, comme le dit saint Paul : « Toute la création gémit en travail d'enfantement, en attente de la manifestation des fils de Dieu. » (Rom. VIII.) Lorsque l'Ame, le Soi divin se reconnaît, des changements précis commencent à s'opérer et une vitalité croissante est apportée aux sphères de feu flamboyant que sont nos centres psychiques, ce qui fait encore dire à Paul, l'initié, que ce corps de feu est le corps incorruptible (I, Cor. XV, 53) et le produit des trois feux que sont la volonté (centre coronal), l'amour (centre cardiaque) et l'intelligence (centre coccygien).

Lorsque la lumière de l'âme devient visible (cela se rapporte aux halos de lumière entourant la tête des saints et des yogis) et que la chaleur peut être ressentie par radiation, la forme, qu'il s'agisse d'un humain ou d'une planète, va être consciemment utilisée à des fins spécifiques. Exemple : dans une planète, il s'agira de faire progresser la conscience d'une humanité et dans un homme il s'agira de développer une conscience divine, un Christ intérieur qui brillera d'une gloire éternelle. Ce Christ intérieur naissant dans le cœur de l'homme est l'unique nectar d'immortalité ; le Christ y fait ainsi allusion : « A moins qu'un homme ne naisse de nouveau, il ne peut voir le royaume de Dieu ». Ceci se réfère à la seconde naissance, l'initiation du baptême mystique ; à partir de ce moment, la vision divine apparaît et s'étend sans cesse jusqu'à atteindre à la pleine stature du Christ comme l'exhorte saint Paul (Eph. IV, 13).

« ... en vue de la construction du Corps du Christ, au terme de laquelle nous devons parvenir, tous ensemble, à ne faire plus qu'un dans la foi et la connaissance du Fils de Dieu, et à constituer cet Homme parfait, dans la force de l'âge, qui réalise la plénitude du Christ ».

Le Christ Cosmique nous a démontré cette perfection en ce qui concerne la famille humaine par l'intermédiaire du Christ historique qui, voilà deux mille ans, nous révéla des connaissances du Père en terme de « qualités ». Le Christ nous démontra également la qualité de l'amour de Dieu (Bouddha en incarne la volonté) et ainsi incarnait en lui-même, dans sa propre perfection, une chose qu'aucun autre fils de Dieu n'avait fait avant lui.

Pour résumer, on peut dire que :

A) La vie est une forme d'existence qui se manifeste au sein de la matière.
B) Cette matière est le véhicule de l'Ame manifestée.
C) Cette Ame est le véhicule de l'Esprit manifesté.

La vie du Saint-Esprit (3e Logos) anime les atomes de la matière.

La vie du Fils (2e Logos) anime les formes ou agrégats d'atomes.

La vie du Père (1er Logos) anime les formes composites.

Ainsi, les trois nadis majeurs (1) Ida, Pingala, Sushumna, ou encore Dieu le Saint-Esprit. Dieu le Fils et Dieu le Père, forment une vie triple que l'on retrouve dans tout ce qui est en haut comme dans tout ce qui est en bas.

Akasha et Prana

Avant d'aborder l'aspect triadique de Dieu à l'intérieur de sa manifestation, l'homme, il serait bon de faire une petite mise au point sur la différence entre l'énergie de l'Akasha et celle du Prana qui sont la substance de nos centres psychiques.

Lorsque le mouvement dynamique est entré en action, les formes visibles des univers ont commencé à vibrer et à se transformer. Cette diversité peut être considérée comme une modification du Prana, que ces transformations soient d'ordre physique (nerfs, sang, respir) ou psychiques (conscience, mémoire, etc.).

---

(1) Voir chapitre III. Ces trois nadis sont les expressions de la Trinité divine localisés dans la matière éthérique à l'intérieur de l'épine dorsale.

La forme matérielle ou enveloppe de matière du corps dense n'est pas, selon les adeptes de la sagesse, un principe, puisqu'elle est conditionnée mais ne conditionne pas. Elle n'est en fait qu'un instrument passif d'autres états supérieurs et est entièrement soutenue et galvanisée par les forces vitales du Prana (Noüs). D'autre part, c'est la conscience (renfermant potentiellement le dessein de l'Intelligence Divine) qui pénètre les fonctions du Prana et détermine la forme que prendront les manifestations corporelles.

Cependant, si la force vitale du Prana animateur est partout dans l'atome le plus petit et dans l'espace infini, il n'est pas l'étincelle divine de l'Esprit pur dont chaque Âme-Personnalité est en possession et qui, au demeurant, reste le véritable archétype divin à la perfection duquel tout organisme simple ou complexe tend.

Ces notions préliminaires étaient essentielles afin de comprendre que les centres psychiques ou çakras (roues) sont de la nature de l'Akasha tandis que les courants d'énergie qui les traversent et les vivifient représentent la force du Prana.

La Corde d'Argent

Nous avons vu que Dieu se manifeste de façon triadique. Nous observons un grand nombre de triades dans l'homme tant physique que psychique. La première expression de la Trinité Divine dont nous allons parler est, pour notre étude, l'une des plus importantes puisqu'elle se situe au niveau du corps vital dans lequel se trouvent les centres psychiques ou çakras.

Une corde d'argent relie le corps vital ou pranique (positif) au corps terrestre (négatif). Lorsque cette corde se rompt, la mort apparaît et le corps terrestre privé de son principe vital se désagrège. C'est à cet évènement que se réfère le poème de Salomon :

« Avant que fil d'argent lâche,
Que la lampe d'or se brise,
Que la jarre se casse à la fontaine,
Que la poulie se rompe au puits. »

Les Orientaux nomment ce fil éthérique le Sutratma. Ce cordon relie le plan le plus élevé de la divinité au plan le plus bas du règne inférieur en passant par l'Âme-Personnalité aux niveaux supérieurs de la pensée et de l'intelligence. La corde d'argent est quelquefois appelée le sentier car c'est elle qui nous unit au divin ; elle est ancrée dans l'homme dans trois parties importantes :

— Le premier point, celui du Père, est situé aux alentours de la glande pinéale appelée dans la Tradition le trône de Dieu. Ce premier point manifeste l'aspect volonté.
— Le second point se trouve dans le cœur et représente le Fils symbolisé par la grotte de la nativité. Le cœur représente le centre de l'amour.
— Le troisième point, appelé symboliquement « la Mère du Monde », se trouve dans le centre le plus bas situé à la base de l'épine dorsale. Il constitue la source de l'activité de la forme et de la matière.

Nous trouvons une seconde trinité dans les trois qualités divines que l'initié doit exprimer parfaitement, la volonté, l'amour et l'activité, et dont les organes sont des moyens d'expression :

— L'aspect volonté se manifeste au moyen des organes de respiration. Il trouve une autre expression dans la faculté de dormir (l'équivalent du grand sommeil cosmique ou réintégration finale).
— L'aspect amour se manifeste à travers le cœur, le système circulatoire et le système nerveux. Cet aspect commande le corps éthérique et sa faculté d'assimiler la vitalité opérant à la fois par le sang

(force vitale du Noüs ou Prana) et les nerfs (force psychique).
— L'aspect activité se manifeste à travers les organes d'assimilation et d'élimination.

Un autre aspect triadique de l'homme se trouve au niveau de son véhicule physique :

— La nature de l'Esprit ou expression du Père se manifeste par le système nerveux qui anime tout l'homme physique et agit par lui.
— La nature de l'Âme ou expression du Fils se manifeste grâce aux vaisseaux sanguins et au système circulatoire qui, comme le sang, pénètre toutes les parties du corps.
— La nature physique ou expression du Saint-Esprit se manifeste par la peau et la structure osseuse.

Nous noterons encore une trinité d'expression relative aux organes du corps :

— La rate, réceptrice d'énergie, est analogue à l'Esprit du Père qui anime.
— L'estomac, manifestation physique du plexus solaire, est analogue à la nature de l'âme, intermédiaire entre le haut et le bas.
— Les organes sexuels, aspect créateur du corps, sont évidemment de la nature du Saint-Esprit.

Dans la tête, nous avons aussi un intéressant aspect triadique qui, d'après le Tibétain, est d'une extrême importance et devrait faire l'objet d'une étude approfondie :

— Le cerveau et les cinq ventricules. Le symbole numérique cinq (les cinq sens) est associé au troisième aspect de la Trinité, celui du Saint-Esprit.
— Les trois glandes directement reliées à l'âme (pinéale, pituitaire, carotide) qui, nous le savons, est le second aspect de la Trinité, celui du Fils.

— Les deux yeux qui correspondent à la volonté, le premier aspect de la Trinité, celui du Père.

Nous pourrions trouver de cette façon des centaines d'exemples de cet aspect triadique de la divinité s'exprimant à travers les différentes parties constituant l'entité humaine. Sur le plan qui nous intéresse, celui des glandes et des centres, nous pouvons observer que les traits de personnalité et les réactions psychologiques d'un homme dépendent de l'activité et de la relation triadique de certains centres. En voici quelques exemples :

- Un homme en possession d'une bonne santé, magnétique, a sans aucun doute un triangle de vitalité parfait, à savoir le centre de l'épaule, le centre près du diaphragme et le centre de la rate.
- Un homme que l'on voit soumis aux turbulences de sa nature émotionnelle et instinctive, en d'autres termes, un simple aspirant sur le sentier, aura les trois centres suivants actifs : le centre coccygien, le centre solaire et le centre du cœur.
- Un homme dirigé par sa nature mentale, ou un disciple polarisé sur l'intellectuel, aura comme triangle actif : le centre coccygien, le centre cardiaque et le centre laryngé.
- Un homme étant devenu un disciple avancé, c'est-à-dire un homme dont l'Âme commence à faire sentir sa présence, aura comme triangle : le centre cardiaque, le centre laryngé et le centre alta-major (reliés à ses quatre centres secondaires).
- Un homme parvenu au degré d'initié avancé, c'est-à-dire un initié ayant atteint l'état de transfiguration, aura comme triangle : le centre cardiaque, le centre laryngé et les sept centres de la tête unis en seul groupe.
- Un adepte avancé (bodhisattva ou Rose-Croix) aura établi en lui-même ce triangle de lumière constitué du centre cardiaque, des sept centres de la tête et des deux centres aux pétales multiples, frontal et coronal.

II.

« Les apparences des dix sphères sorties du néant sont comme un éclair de lumière qui serait sans fin. Le Verbe de Dieu circule en elles ; sortant et rentrant sans cesse, semblable à un tourbillon, elles exécutent à l'instant la parole divine, et s'inclinent humblement devant le trône de l'Eternel. »

Sepher Yezirah.

APPARITION DES CENTRES

Les livres anciens de l'antique sagesse ont toujours affirmé que la voûte des cieux tout entière était une vaste sphère tournant lentement, entraînant dans sa course éternelle les constellations et les univers. D'après toutes les traditions, la matière est apparue à partir des roues ou centres cosmiques de force, autour desquels la matière cosmique primordiale se consolide après son passage à travers les six sphères de la matérialisation. Cette matière devient sphéroïde et finit par se transformer en une planète. Dans la Kabbale, les orbes célestes qui participent à la création du monde sont représentées par les Auphanim, les anges des sphères dont ils sont l'âme animatrice. Le prophète Ezekiel parle de cet ordre de puissance qui correspond également à Chokmah, la première émanation masculine de l'arbre séphirothique qui, je le rappelle, considère que le monde fut créé à partir du grand vide cosmique sous la forme de six émanations ou puissances spirituelles émanées de Dieu le Père (Kether-Couronne), et cela sous formes de sphère allant de l'énergie la plus spirituelle au monde le plus dense (Malkuth-le royaume terrestre).

Les planètes ou plutôt les forces qui les animent sont donc en parfaite relation avec nos propres sphères (çakras) ; ceux-ci ont leur correspondance dans l'espace et tout particulièrement dans cette force qui soumet les nébuleuses au mouvement rotatoire et tourbillonnant afin qu'elles deviennent au cours des âges des planètes visibles et vivables. Ainsi, de la sphère cosmique la plus vaste à l'atome le plus petit, tout naît sous la forme la plus parfaite qui nous soit connue : le cercle. En reprenant l'arcane d'Hermès : tout ce qui est en haut est comme ce qui est en bas, nous pouvons immédiatement deviner que les sphères de l'espace sont d'une nature similaire aux çakras de notre corps psychique ou vital, et que la formation de ces derniers dut immanquablement suivre un processus similaire de développement.

Développement des centres.

On pourra peut-être reprocher au chapitre consacré aux çakras de commencer par le çakra le plus bas pour finir par le plus haut. Il ne faut surtout pas conclure que l'homme a développé un corps dense qui, de période en période, va lentement s'éthériser, se spiritualiser puis s'immortaliser. Le processus est à l'opposé. L'homme est né parfait et pur, son enveloppe était entièrement éthérique et spirituelle. Cependant, l'esprit était seul et inconscient, il devint nécessaire qu'il sache, qu'il prenne conscience de sa nature divine. Pour cela, il lui fallait développer une conscience ou personnalité animique qui, par les souffrances et les expériences terrestres résultant de la dualité (esprit et corps) finirait par développer la sensation, l'émotion, la réflexion, puis l'intuition. En d'autres termes, elle deviendrait consciente du « je suis », stade de l'homme moyen s'identifiant à son apparence humaine et illusoire, pour finalement réaliser le « Soi » véritable, c'est-à-dire l'union définitive avec l'essence divine et cela d'une manière consciente.

Il y eut donc deux grandes périodes. La première fut la période pré-adamique où l'homme était encore « un ». Il ne pensait pas et était ignorant du mal puisqu'il n'avait pas de cerveau ni de matière mentale ; c'est à cette période que l'on fait allusion lorsque l'on parle du jardin d'Eden. Puis, l'être se condensa et finit par se matérialiser : c'est là qu'Eve fit son apparition et que le « un » devint deux. Quelques millions d'années passèrent et l'homme pénétra de plus en plus profondément dans l'élément de la matière dense. Cette chute dure jusqu'à nos jours. Ainsi, nous aurions pu établir le tableau des centres du haut vers le bas, c'est-à-dire de l'infini vers le fini comme il se doit ordinairement. J'ai néanmoins préféré partir de l'ère présente où l'humanité qui s'est enfoncée au plus profond de la matière commence à remonter progressivement vers sa réintégration spirituelle. C'est en raison de cette remontée que toutes les techniques orientales font partir la méthode de développement à partir de l'aspect le plus bas. La première période où l'homme prend des robes de matière avec le concours de certaines puissances angéliques a été suffisamment traitée par des initiés éminents. Je me contenterai donc d'ajouter quelques informations sur la période présente et future qui est celle de l'unification, de l'évolution et de la réalisation. Reprenons tout de même l'homme à l'aube de sa création, sans oublier que l'humanité devra connaître au cours de ce cycle et jusqu'au jugement dernier, sept grandes races, l'occident étant actuellement au sein de la cinquième.

Les centres et les races

La première race (bien que ce terme soit inadéquat puisqu'elle n'était pas physique) avait surtout le centre coccygien très actif, centre qui donnera plus tard le germe des glandes surrénales. Le feu coccygien était surtout utilisé à la vivification des organes de génération et au développement de la volonté d'être et d'exister.

La seconde race qui était encore androgyne et éthérique développa essentiellement le centre cardiaque. Elle s'exprimait à travers le cœur comme point focal de la vie coordonnée.

La troisième race, la race lémurienne, (considérée comme la première race physique) développa par l'intermédiaire du centre sacré son apparence physique. Cette grande race mère s'exprimait plus particulièrement par le processus de génération.

La quatrième race, la race atlantéenne, développa par son centre solaire le pancréas et le plexus solaire. Elle s'exprima donc plus spécialement en sensivité psychique et mystique.

Dans notre race actuelle, la race caucasienne (ou aryenne), l'homme peut s'exprimer intellectuellement grâce au centre laryngé (thyroïde) et à son pouvoir créateur et occulte.

La sixième race à venir, par l'intermédiaire du centre frontal, exprimera surtout l'intuition spirituelle, et la septième race, agissant par les centres de la tête, manifestera le dessein et la volonté divine.

On peut récapituler le développement de la conscience humaine de cette façon :

A) L'instinct, qui fut l'un des premiers états de conscience de l'être (et que nous possédons encore !), reste la marque de la nature automatique du corps vital ou éthérique, ainsi que de la nature du désir. L'instinct opère au moyen du plexus solaire et des organes de reproduction.

B) L'intelligence, qui est un attribut des races actuelles, est la marque du développement du mental. Elle opère au moyen de son instrument, le cerveau, et par l'intermédiaire des centres frontal et laryngé.

C) L'intuition représente la qualité de la nature de l'âme et par conséquent se rapporte à l'élite des disciples et des initiés ou de la race à venir. L'intuition opère au moyen du mental, du centre cardiaque et des centres de la tête.

Eveil des centres

C'est par l'observation du développement des centres psychiques de l'homme que de nombreux symboles naturels furent créés, qu'il s'agisse du cercle ou de la croix. Voici comment les centres peuvent être imaginés en période d'éveil depuis le début de leur création jusqu'au moment de leur activité parfaite :

— Le çakra apparaît dans les tous premiers stades de l'évolution humaine sous la forme d'un cercle ayant une dépression en forme de soucoupe où le feu brûle sans aucune intensité. Le çakra tourne très lentement, presque imperceptiblement. Ce stade correspond à la période lémurienne.
— Le çakra apparaît ensuite avec en son centre un point de feu brûlant avec plus d'intensité. Le centre de la dépression a une rotation plus rapide. Cela correspond à la période où l'homme commence tout juste à penser, c'est-à-dire à la fin de la période lémurienne.
— Le çakra possède maintenant un point de lumière central très lumineux grâce au mouvement rotatoire qui en intensifie l'éclat jusqu'à ce qu'il commence à projeter les rayons de ses feux dans deux directions. On nous dit alors que le clairvoyant perçoit la flamme qui divise le tourbillon, la voit jaillir dans un perpétuel mouvement de va-et-vient. C'est ce stade qu'avait atteint l'humanité atlante.
— Le çakra est maintenant très actif et le feu s'irradie par quatre flammes le faisant ressembler à une croix. Le mouvement giratoire touche la périphérie

et le centre du çakra ; cela indique que l'homme instinctif est devenu un brillant penseur. Il reste cependant encore peu touché par le spirituel. Ce stade d'éveil correspond à notre ère actuelle.

— Le çakra est ensuite normalement actif. Il est, nous dit-on, quadri-dimensionnel ; la croix tourne autour de son axe central en projetant des flammes de tous côtés et ressemble ainsi à une magnifique svastika. Ce stade d'activité correspond à la période qui inclut l'état de disciple en probation jusqu'à l'état d'initié avancé. Lorsque la plus haute initiation est prise, les centres apparaissent comme des globes de feu radiants dont les rayons finiront par s'unir en un feu qui consume tout.

Ceci bien entendu ne concerne que l'éveil d'un seul centre. Il existe cependant dans l'individu une progression de centre en centre s'organisant au cours de son évolution afin qu'il soit rendu conforme au dessein sous-jacent de l'âme.

Dans un premier temps, c'est le centre coccygien qui est très actif ; il vivifie les organes de génération et produit physiquement les glandes surrénales : l'aspect vie prédomine. Ensuite, le feu s'élève dans le centre solaire qui devient alors le but de toute la personnalité. Puis le feu s'élève vers le centre cardiaque et les trois centres mentionnés tournent à l'unisson selon un rythme ordonné. Dans un quatrième temps, le feu s'élève vers la gorge et toute l'activité créatrice de l'homme se trouve idéalisée et spiritualisée. Le son de sa voix devient le « Verbe » sous sa forme d'instructeur au service du monde ; cela dénote l'apparition du troisième œil. Dans le stade final, les feux sont appliqués aux sept centres de la tête ainsi qu'à leur éveil complet ; à ce moment seulement le feu matériel de kundalıni peut être éveillé et élevé.

Il n'existe pas de méthode générale indiquant comment stimuler les centres psychiques d'une façon intense et particulière, car cela est purement INDIVIDUEL et dépend de facteurs qui ne peuvent être connus que d'un instructeur compétent, c'est-à-dire entraîné, clairvoyant et spirituellement éclairé. Ce genre d'instructeur fait rarement parler de lui car son enseignement peut être donné en dehors du temps et de l'espace. De toute manière, ces personnes sont rares par rapport aux milliers de disciples qui depuis quelques années foulent le sentier de la probation. Il faut avouer que dans l'ère que nous allons vivre ces instructeurs ne s'occupent pas d'aspirants mais de disciples avancés qui demandent en fait peu d'attention personnelle et sont de précieux instruments de service pour instruire eux-mêmes ceux qui sont encore dans l'obscurité et le mirage. Il est donc peu recommandé pour les aspirants de se concentrer sur le développement d'un centre en particulier, ce qui amènerait inévitablement l'hyperstimulation de ce centre et par conséquent des troubles graves allant de la maladie physique à la démence.

Si par contre un disciple a pour but véritable le développement spirituel (et ceux-là sont encore rares qui n'ont point quelque ambition camouflée), s'il n'aspire qu'à servir selon sa compréhension avec sincérité et dans un esprit de compassion, d'altruisme et de fraternité, et si avec patience et sérénité il s'applique fermement à maîtriser ses faiblesses et ses passions tout en cultivant des pensées positives, constructives et abstraites (par la méditation et l'étude des symboles), alors les résultats se produiront automatiquement et les centres s'illumineront tous dans la plus parfaite harmonie, évitant de cette façon les dangers terribles car ignorés qui guettent l'imprudent à la conquête de la maîtrise.

III.

> « Toutes choses se résolvent en feu et le feu se condense en toutes choses, de même que les marchandises se convertissent en or et l'or en marchandises. »
>
> Héraclite.

LE CORPS VITAL ET LES NADIS

Le corps vital est un corps d'énergie étroitement lié, c'est un habit de lumière tissé par les créateurs divins dont le but est de le rendre conforme au dessein de la divinité. C'est un réceptacle de lumière dans lequel la conscience de l'esprit pur pourra vivre, expérimenter et s'auto-réaliser. Ce « bol d'or » pour reprendre un terme biblique est constitué par un véritable réseau de lignes de forces nouées et croisées comme un filet. Les hindous prennent pour imager le corps vital une feuille de l'arbre Ashvatha (ficus religiosa) dont les fibres minuscules et nombreuses représentent les nadis. Les Orientaux ont appelé ces lignes de force des nadis, mot dérivant de la racine « nad », mouvement, car, dit-on, c'est en eux que circule constamment le principe vital.

Les nadis dans leur ensemble sont la contre-partie vitale ou éthérique des systèmes nerveux, et servent de substrats à tous les nerfs du corps. Ils sont les agents des impulsions directrices de l'âme et réagissent à l'activité vibratoire émanant de la contre-partie éthérique du cerveau.

On peut comparer ces lignes de force aux méridiens

(tsing) chinois sur lesquels travaillent les acupuncteurs. Le fait que les médecins et anatomistes refusent encore (bien qu'avec beaucoup moins de conviction) l'existence de certains méridiens éthériques vient du fait que ces derniers n'ont pas de correspondance avec des lignes physiques connues de nerfs ou de veines. A ce sujet, la tradition explique que, comme nous l'avons dit, tout le système nerveux et sanguin est vitalisé par les millions de nadis dont certains sont d'une telle finesse qu'ils n'ont apparemment aucune correspondance avec le corps. Cela vient du fait que les médecins ignorent encore beaucoup sur l'homme physique et cela à cause d'une recherche qui n'ose pas s'aventurer au-delà de ce que les appareils les plus sophistiqués de la science moderne peuvent témoigner. Dans un avenir proche, le meilleur appareil d'introspection de l'homme visible et invisible sera ses facultés psychiques, clairvoyance supérieure entre autres ; alors seulement ce qui aujourd'hui paraît mystérieux ou contradictoire deviendra clair et parfaitement compréhensible. D'ailleurs, l'acupuncture médicale chinoise aura un rôle important dans la reconnaissance de l'existence du corps éthérique par la médecine officielle.

En ce qui concerne le nombre des nadis, il semble impossible de le définir avec justesse car les plus éminentes autorités émettent souvent des avis différents. Par exemple, le Bhûtashuddi Tantra indique 72 000 nadis ; d'autres textes en dénombrent 550 000. Parmi ces nombreux nadis, quatorze ont une importance plus grande (ce sont dans l'ordre : SUSHUMNA, IDA, PINGALA, GANDHARA, HASTAJIHVA, KUHU, SARASVATI, PUSHA, SANKHINI, PAYASWINI, VARUNI, ALAMBHUSHA, VISHVODHARA, YASASVINI). Sur ces quatorze, trois peuvent être considérés comme majeurs, ce sont : Sushumna, Ida et Pingala. Des trois, Sushumna est le principal et tous les autres lui sont subordonnés.

Chaque nadi a une nature quintuple et renferme cinq

fibres d'énergie étroitement liées à l'intérieur d'une gaine qui les recouvre. Ces filaments d'énergie sont unis les uns aux autres en des rapports transversaux. Il faut cependant noter que cinq types d'énergie forment une unité et que, pris dans leur ensemble, ils forment la gaine éthérique elle-même. C'est, dit-on, à travers ces cinq canaux que s'écoulent les cinq pranas majeurs, vitalisant ainsi tout l'organisme humain. Il n'existe aucune partie du corps qui n'ait un réseau de nadis sous-jacent à sa forme.

Les cinq différenciations du Prana dans le corps humain sont :

— *Prana :* s'étend du nez au cœur et influence particulièrement la gorge et la parole, le cœur et les poumons.

— *Samana :* s'étend du cœur au plexus solaire et agit surtout sur le pouvoir d'assimilation de la nourriture et de la boisson. Il est de cette façon en étroite relation avec l'estomac.

— *Apana :* est particulièrement actif depuis le plexus solaire jusqu'à la plante des pieds et agit sur les organes d'élimination, de déjection et de la naissance. Son pouvoir est donc fortement relié aux organes générateurs et éliminateurs.

— *Udana :* est situé entre le nez et le sommet du crâne ; il est en relation avec le cerveau, les yeux et le nez.

— *Vyana :* correspond à la somme totale des énergies praniques telle qu'elle est répartie à travers tout le corps par l'intermédiaire des milliers de nadis et nerfs ainsi que des canaux sanguins, des veines et des artères.

IDA - PINGALA - SUSHUMNA

Comme nous l'avons dit, trois nadis sont d'importance majeure. Ce sont : Ida, Pingala, Sushumna. Le premier, Ida nadi, a son point de départ à la base de l'épine dorsale immédiatement à gauche de Sushumna et à droite de Pingala (à droite de l'homme et non du spectateur). Chez la femme, c'est l'inverse. Tous ces parcours se terminent dans la moëlle épinière. (Selon la croyance des yogas, Ida nadi aboutit à la narine gauche et Pingala à la narine droite.) Ida représente l'aspect féminin ou négatif, symbolisé par la force lunaire centripète. Ce courant est surtout contrôlé par la purification des passions, désirs et émotions.

Pingala représente l'aspect masculin ou positif, symbole de la force solaire centrifuge, et se trouve à droite. Ce second courant est surtout contrôlé par la discipline du mental. (H.P. Blavatsky, dans sa Doctrine Secrète, nous dit que Ida et Pingala ne sont que les dièses et les bémols de ce fa de la nature humaine, la tonique et la note majeure de l'harmonie septénaire des principes.)

La rencontre des deux nadis, Ida et Pingala, s'établit dans le Sushumna nadi au niveau du centre coccygien, et forme à cet endroit un nœud connu sous le nom de Mukta Triveni. Une telle rencontre a lieu également dans le centre cardiaque et dans le centre frontal. Ces trois nadis portent aussi les noms de GANGA (Ida), YAMUNA (Pingala) et SARASVATI (Sushumna).

Il est intéressant de comparer ces trois forces majeures aux traditions antiques de l'Inde, de l'Egypte, au christianisme originel ou même aux fraternités initiatiques modernes. Dans le premier exemple, il s'agit du mont Mérou (ou Suméroù), montagne hautement sacrée de l'Orient considérée à juste titre comme ayant été le centre du monde et qui représente l'axe autour duquel tournait notre planète ; en d'autres termes, cet axe serait l'épine dorsale (Sushumna) de notre monde. Cette montagne sacrée aurait été créée par Brahma lui-même qui créa aussi le lac sacré Manasarovar au centre duquel croît un arbre invisible (l'arbre est encore là pour nous rappeler le tronc ou la colonne vertébrale). Le Manasarovar rappelle par sa forme l'astre solaire et il est situé à l'est du mont Mérou. Du fait qu'il est légèrement plus haut que l'autre lac, il fut assimilé à Pingala. Cet autre lac se nomme Rakastal ; sa forme rappelle l'astre lunaire et sa localisation est à l'ouest où se couche la lumière. Il fut donc identifié à Ida.

Le second exemple est celui du Nil qui, depuis l'Antiquité, représente également Sushumna à l'intérieur de la moëlle épinière du cérébro-spinal. Les Haute et Basse-Egyptes représenteraient Ida et Pingala ; les écoles de mystères qui s'épanouirent tout autour du Nil en seraient tout simplement les çakras et plexus nerveux.

On se souvient également de cette grande initiation cosmique appelée crucifixion où Jésus fut crucifié sur le Golgotha, le lieu du crâne. Dans cette scène, le Christ élevé au-dessus de la croix représentait l'esprit du Père, c'est-à-dire le point d'élévation complète de Kundalini. Le corps de Jésus (le Fils) crucifié sur la croix représentait le canal de Sushumna. D'un côté, le bon larron symbolisait Pingala (positif), et de l'autre, le mauvais larron symbolisait Ida (négatif). De cette union des trois, la victoire sur la mort fut définitivement acquise. Cela représente allégoriquement la préparation et l'évolution de l'humanité commençant par être ignorante (le mauvais larron), puis se purifiant, passant par le discipulat et l'initiation (le bon larron), pour parvenir enfin à la réalisation spirituelle (le Christ parfait).

Il en est de même au niveau humain et cela commence toujours par le processus de purification des nadis. Comprenons par là le processus qui opère à l'intérieur de la gaine du nadi (symboliquement le corps glorieux à l'intérieur de son ombre terrestre), qui se présente au clairvoyant comme un tube encrassé de l'intérieur et au centre duquel passe l'énergie pranique. Lorsque les centres majeurs deviennent actifs et rayonnants, le tube ou la gaine se trouvent purifiés et les forces de l'âme (le Christ) peuvent alors descendre et pénétrer tout le corps vital. C'est à ce moment que, comme le dit saint Paul (I Cor., XV, 53) ce corps de feu devient le « corps incorruptible ». L'énergie de l'âme et des nadis (positif et négatif), en se mélangeant, prend une forme nouvelle indiquant qu'un tel homme est devenu un mystique avancé, un triomphateur du Saint-Graal ou de la divine Rose-Croix, un être qui en lui-même a su équilibrer harmonieusement les forces de l'âme et de la personnalité.

Simultanément à cette purification, l'activité des deux nadis Ida et Pingala devient effective et le flux d'énergie peut désormais passer du haut vers le bas et du bas vers le haut. Le résultat en sera un déversement abondant d'énergie spirituelle dans les nadis, utilisant les zones se trouvant autour des sept centres comme moyen de distribution et vivifiant à volonté toutes les parties du corps. C'est à ce moment que les disques éthériques séparant chaque centre de l'épine dorsale sont détruits et brûlés ; alors seulement Sushumna le canal central commence à être utilisé pour l'élévation de Kundalini vers le centre coronal, le centre de la réintégration finale où toute existence de nature humaine disparaît à jamais. Ne dit-on pas que les deux nadis Ida et Pingala indiquent tous deux le Temps (Kâla), et que Sushumna dévore Kâla car, nous dit Arthur Avalon, on entre par cette voie, hors du temps.

Sushumna nadi est situé entre le centre coccygien (au niveau de la deuxième vertèbre coccygienne) et le Brahmarandhra. A l'intérieur du Sushumna se trouve trois autres nadis : le Vajrâ nadis, le Chitrini nadi à l'intérieur duquel se trouve le Brahma nadi le long duquel s'élèvera la Kundalini le moment venu, éveillant les joyaux à l'intérieur des çakras du Muladhara jusqu'à l'Ajna.

Le nombre des centres

Dans le corps éthérique pourvu de millions de nadis, l'apparition des centres majeurs se forme à l'endroit où les lignes de force se croisent de façon plus intense. On remarquera cinq concentrations le long de la colonne vertébrale et deux dans la tête. Rappelons encore que là où les lignes de force se croisent vingt et une fois on trouve un centre majeur ; les centres majeurs sont au nombre de sept. Lorsque ces mêmes lignes se croisent quatorze fois nous obtenons un centre mineur ; les centres mineurs sont au nombre de vingt et un ainsi localisés :

« 1. Il y en a deux en avant des oreilles, près de l'articulation maxillaire.
2. Il y en a deux juste au-dessus des seins.
3. Il y en a un à la jonction des clavicules, près de la glande thyroïde. Avec les deux centres des seins, ils forment un triangle de force.
4. Il y en a deux, un dans chaque paume de la main.
5. Il y en a deux, un dans chaque plante du pied.
6 .Il y en a deux, juste en arrière des yeux.
7. Il y en a deux en liaison avec les gonades.
8. Il y en a près du foie.
9. Il y en a un en connexion avec l'estomac ; il est donc relié au plexus solaire mais sans lui être identifié.
10. Il y en a deux en connexion avec la rate. Ils ne forment en réalité qu'un centre, mais composé de deux centres superposés.
11. Il y en a deux, un dans le creux de chaque genou.
12. Il y a un centre extrêmement puissant en connexion étroite avec le nerf vague. Certaines écoles ésotériques le considère comme un centre majeur. Il n'est pas dans l'épine dorsale, mais n'est pas très éloigné du thymus.

13. Il y a un centre proche du plexus solaire. Il relie ce dernier au centre coccygien et forme ainsi un triangle. »

(*La Guérison Esotérique,* A.A. Bailey.)

Il existe également des centres encore plus petits créés par le croisement de sept nadis et dont le nombre est de plusieurs centaines. Tous les nerfs ainsi que le grand réseau des nadis sont reliés par les sept centres psychiques et les nombreux plexus. Nous verrons un peu plus loin certaines correspondances, par exemple au niveau de l'aspect triadique du divin, Père, Fils, Saint-Esprit. Cependant il en est une qui nous intéresse tout particulièrement car elle s'occupe des rapports existant entre les nadis, les nerfs et les glandes endocrines.

A) Nous avons des millions de nadis apportant la vitalité pranique et solaire au corps tout entier. On peut donc affirmer que le corps éthérique correspond à l'aspect « Vie ».
B) Le réseau nerveux quant à lui est l'homologue de l'aspect de l'âme.
C) Le système endocrinien, qui est l'extériorisation des nerfs et nadis réunis correspond à l'aspect forme.

De cette façon, le système nerveux, les nadis et les glandes représentent sur leur plan respectif les trois aspects divins : vie, conscience, forme. Cet aspect triadique est utile à connaître car un échange ininterrompu a toujours lieu entre ces trois aspects. Ne dit-on pas que Dieu est un en trois et trois en un ? Un exemple de cette intime relation peut être donné en ce qui concerne la maladie : nous savons que l'origine d'une maladie réside dans une désharmonie entre les forces positives des centres et les forces négatives constituant l'enveloppe physique. Cependant la cause profonde est directement liée à l'état des centres eux-mêmes, affectant les nadis qui à leur tour vont affecter le système nerveux en agissant sur le système endocrinien qui, par le biais du courant sanguin, va transmettre cet état général à toutes les parties du corps physique.

Remarquons une autre triplicité se rapportant aux trois nadis majeurs et leur connexion respective avec les trois centres majeurs : Ida nadi est sensible au centre solaire, fournissant ainsi l'impulsion du désir et nourrissant la vie physique et le besoin de créer ; Pingala nadi est sensible au centre cardiaque, fournissant l'impulsion vers l'amour et vers le contact avec une expression divine plus étendue. Sushumna nadi est sensible au centre coronal, fournissant quant à lui le dynamisme de la volonté de vivre.

Comme le lecteur l'aura certainement remarqué, il ne faut surtout pas confondre la partie matérielle du sang et des nerfs avec le feu subtil de l'énergie des nadis car, comme l'a très justement dit René Guénon : « Il n'y a que simple correspondance et non pas identification. » Cette correspondance, du reste, se retrouve dans l'emplacement des centres sur la colonne vertébrale et dans leurs attaches sur le fil de Sushumna. En effet, la colonne vertébrale est divisée en cinq parties. En partant du plus bas, nous avons la région coccygienne formée de quatre (identifiées aux quatre pétales du centre correspondant) vertèbres soudées entre elles et correspondant à l'emplacement de Muladhara, le centre coccygien. Puis, la région sacrée formée de cinq vertèbres constituant un seul os, le sacrum et correspondant au Svadhistana ou centre sacré. Vient ensuite la région lombaire formée de cinq vertèbres où est localisé le Manipura ou centre solaire. Enfin, la région dorsale formée de douze vertèbres où se trouve Anahata, le centre cardiaque (qui, je le rappelle possède lui aussi douze pétales). Enfin, la région cervicale formée de sept vertèbres où se trouve Vishuddha, le centre laryngé. Les deux autres centres Ajna et Sahasrara se trouvent dans la tête. L'étude des nombres, que ce soit ceux des vertèbres ou ceux des pétales des centres, est symbolique et conduit à des révélations extrêmement riches d'enseignements surtout basées sur la loi des harmonies et des correspondances entre l'âme et son véhicule.

IV.

« J'ai deux amours, l'un plein de bonheur, l'autre de désespoir, qui sont comme deux esprits, à me tenter sans cesse. »

Shakespeare.

CENTRES PSYCHIQUES ET GLANDES ENDOCRINES

Les Sept Centres principaux

Les centres psychiques que nous allons étudier sont, il faut le souligner encore, les parties réelles et causales qui, au cours du temps, ont extériorisé les glandes physiques. La seule étude d'une glande endocrine et de ses effets sur le comportement psychologique n'est toutefois pas suffisante pour déterminer avec précision si le centre psychique correspondant est actif ou non. Cependant, une observation attentive de son caractère, de ses aptitudes et de ses défauts, indiquera au lecteur les points forts et faibles de sa personnalité, et par là même ceux de la ou des glandes correspondantes qui en sont responsables — sans oublier que notre mécanisme glandulaire est lui-même le résultat de notre conscience et des leçons qu'il lui faut apprendre — et lui permettra un réalignement des tendances de sa personnalité.

Çakra centre	Glande endocrine	Organes physiques	Types de force	Origine	Corps
SARASRARA Centre CORONAL	glande pinéale	partie supérieure du cerveau œil droit	volonté spirituelle synthétique dynamique	Atma monade via l'âme volonté	corps causal, joyau dans le lotus
AJNA Centre FRONTAL	corps pituitaire	partie inférieure du cerveau nez, système nerveux	force d'âme amour, magnétisme, lumière, intuition vision	les pétales du lotus égoïque considérés comme un tout	véhicule bouddhique corps causal mental supérieur
VISUDDHA Centre LARYNGÉ	glande thyroïde	appareil respiratoire, canal alimentaire	énergie créatrice, son, conscience de soi	troisième couronne du lotus égoïque, pétales de la connaissance	corps mental
ANAHATA Centre CARDIAQUE	glande thymus	cœur, système circulatoire, nerf vague	force vitale, conscience de groupe ou collective	deuxième couronne du lotus égoïque, pétales d'amour-sagesse	corps mental supérieur, corps causal
MANIPURA Centre SOLAIRE	glande pancréatique	estomac, foie, vésicule biliaire, système nerveux	force astrale, émotions, désirs, toucher	centres astraux	corps astral
SVADHISTHANA Centre SACRÉ	gonades, glandes sexuelles masculines et féminines	organes sexuels	force vitale, du plan physique, énergie vitale, vie animale	plan physique	corps éthérique
MULADHARA Centre COCCYGIEN	capsules surrénales	reins, colonne vertébrale	énergie de la volonté, vie universelle, feux de kundalini	Mère du monde	corps physique

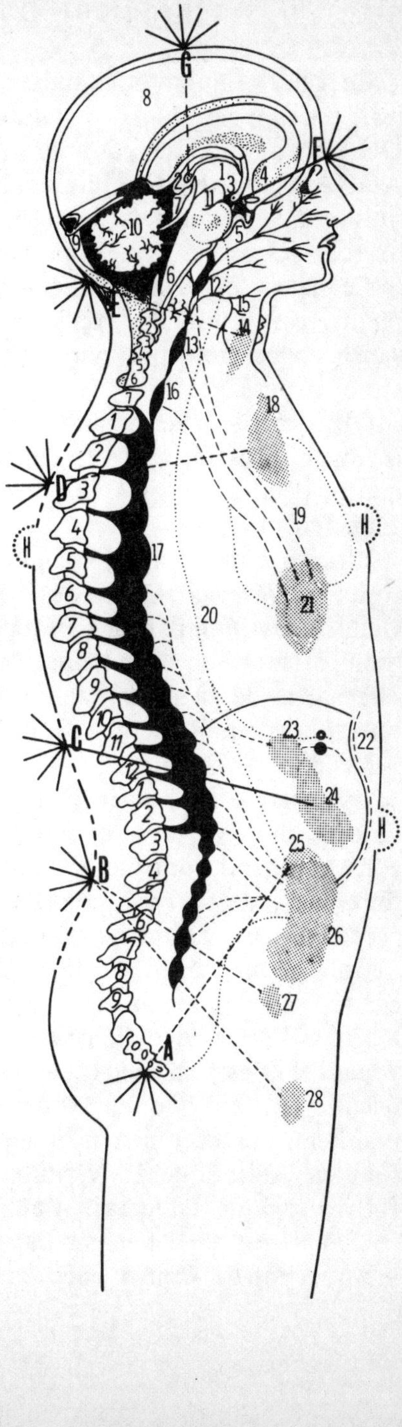

1. Troisième ventricule
2. Glande pinéale
3. Troisième ventricule — hypothalamus
4. Circonvolution frontale interne
5. Glande pituitaire
6. Medulla oblongata
7. Tubercules quadrijumeaux
8. Faux du cerveau
9. Faux du cervelet
10. Cervelet
11. Couches optiques
12. Ganglion cervical supérieur
13. Ganglion cervical moyen
14. Glande thyroïde
15. Glandes parathyroïdes
16. Ganglion cervical inférieur
17. Chaîne du système végétatif ou grand sympathique
18. Glande thymus
19. Nerf cardiaque (orthosympathique)
20. Nerf pneumogastrique (parasympathique)
21. Cœur
22. Plexus solaire
23. Rate
24. Pancréas
25. Capsules surrénales
26. Reins
27. Ovaires
28. Testicules

A. CENTRE COCCYGIEN
B. CENTRE SACRÉ
C. CENTRE SOLAIRE
D. CENTRE CARDIAQUE
E. CENTRE LARYNGÉ
F. CENTRE FRONTAL
G. CENTRE CORONAL
H. CENTRES DE LA RATE

LE CENTRE COCCYGIEN

Ce centre, qui donna naissance aux glandes surrénales, est appelé dans la philosophie hindoue MULADHARA ; on lui donne quelquefois le nom de ADHARA ÇAKRA, qui signifie « support », du fait qu'il est véritablement le support de l'édifice ainsi que de tous les autres centres psychiques du corps.

Ce çakra est symboliquement représenté par un éléphant, car cet animal représente la vigueur et la puissance concentrées qui, une fois libérées, emportent tout sur leur passage.

Observé par clairvoyance, ce centre apparaît dans la région la plus basse de la colonne vertébrale. Il possède quatre pétales disposés en forme de croix qui rayonnent d'un feu orangé.

L'origine du centre psychique coccygien est, selon les écrits sacrés, la Mère du Monde, l'éternel féminin. Cette force féminine que beaucoup connaissent sous son nom oriental de Kundalini, ou feu kundalini, déverse une partie de sa force dans le centre coccygien qui assimile également l'énergie de la volonté et de la vie universelle.

L'humanité en général est surtout contrôlée par la volonté de vivre et d'exister ; c'est là un aspect de sa conscience qui contrôle et organise toute sa vie, et produit ainsi ce que nous connaissons sous le nom de réincarnation. Et, de même que le principe de vie est ancré dans le cœur, de même la volonté instinctive et inconsciente d'exister est localisée à la base de la colonne vertébrale. Depuis que l'Occident a commencé l'étude des yogas et s'est un peu familiarisé avec la constitution occulte et invisible de l'homme, un malentendu s'est maintenu sur ce qui a trait au feu kundalini. Précisons tout de suite que le véritable initié, qui souvent est encore loin de l'adeptat, n'a que rarement à faire avec ce feu. Il est extrêmement dangereux de développer prématurément le centre coccygien, et on ne peut entreprendre un tel développement qu'après être passé par l'état de disciple durant une longue série d'incarnations consacrées à la discipline du corps physique, émotionnel et mental, ayant pour base une éthique extrêmement rigoureuse. Les maîtres experts dans cette discipline de développement déconseillent d'ailleurs de commencer à rendre actif le centre coccygien avant que ne soit atteint un très haut degré d'élévation spirituelle, celui que les chrétiens appellent la« Transfiguration ».

Cet éveil du centre coccygien pendant les toutes dernières étapes de l'expérience mystique chez un initié avancé n'en apporte pas moins des risques réels pouvant dangereusement affecter la colonne vertébrale et par conséquent tous les nerfs périphériques s'étiolant dans toutes les directions du corps. Car l'élévation de la kundalini lorsqu'elle est effectuée d'une façon ignorante et prématurée, risque de provoquer tout simplement la brûlure rapide de tous les tissus protecteurs de matière éthérique qui séparent les unes des autres les diverses régions du corps où sont localisés les sept centres principaux.

L'aspect vie domine donc presque entièrement le centre coccygien, celui-ci ayant pour principale fonction de participer à la formation du véhicule physique. C'est la raison pour laquelle toute l'énergie du centre coccygien est centrée sur la recherche du développement et de la perfection au niveau du corps dense.

Lorsque ce centre est le seul actif, le type d'homme qui en résulte est fort mais sans intelligence ; c'est là un type qui tend à disparaître dans les jeunes générations, mais que l'on trouve encore dans certaines campagnes éloignées des activités citadines ou dans certains pays sous-développés. L'homme dont les centres psychiques autres que les capsules surrénales et les gonades sont dans un état de constante apathie sera souvent un individu insensible plus proche de la conscience instinctive de l'animal que de la sensibilité d'un homme équilibré. Lorsque le centre coccygien devient actif, la nature émotionnelle commence à se développer et la pensée devient plus active ; à ce moment-là, les autres centres ou çakras commencent à s'allumer.

Les troubles du surrénalien primitif sont surtout d'ordre physique. Bien plus tard, lorsque sa sensibilité et ses pensées se développeront, les troubles qui l'affecteront seront plus subtils et plus complexes, car ils seront de nature psychologique. La moyenne de l'humanité a atteint ce point, et l'élite scientifique s'active à trouver des moyens d'y remédier ; à partir de cette recherche se développent de nombreuses branches médicales telles que la psychologie, la psychiatrie, la sophrologie et toutes les techniques psychosomatiques. De nos jours, aucun médecin compétent ne mettrait en doute que plus de 80 % de nos maladies proviennent de troubles émotionnels dont les causes sont à rechercher dans une vie de total déséquilibre. Cette activité émotionnelle, lorsqu'elle est mal dirigée, s'élève et active dangereusement le plexus solaire, accélérant ainsi les aspects de l'instinct humain que sont les désirs et les passions. Dans ce cas le plexus solaire et le centre solaire restent les centres dominants et conditionnent toute la vie de l'individu moyen.

Le devoir de tout disciple ou de toute personne à la recherche d'une vie plus heureuse et plus constructive est donc de faire un effort conscient pour faire passer la polarisation de son champ de conscience du centre solaire vers le centre du cœur où plus tard seront transmuées les énergies solaires (désir de la forme) en énergie d'amour (idéalisme réaliste).

Le centre coccygien, localisé à la base même de l'édifice humain et de son épine dorsale, sert en quelque sorte d'appui à tous les autres centres. N'oublions pas non plus qu'il est encore un peu ensommeillé et ne peut par conséquent réagir qu'à un acte de pure volonté. Cela est d'ailleurs entrepris (avec tous les risques possibles !) par les écoles de yoga et spécialement dans les branches du Hatha, Laya et Kundalini yoga. Cependant, il ne faut pas croire que les traditions d'Occident ignorent cet aspect de la haute science hermétique : en fait, toutes les écoles de mystère d'Egypte, de Grèce ou d'ailleurs, connaissaient parfaitement cette science des centres mais elle n'était destinée qu'aux disciples dûment préparés depuis de longues années.

Pour tout mystique, l'importance de ce centre réside dans le fait qu'en lui, par l'effet de la loi d'évolution, l'esprit et la matière se rencontrent. C'est là le grand mystère de la vie dans la forme ; cette dualité est parfaitement naturelle, car n'est-ce pas à cause de cette dualité que l'humanité chuta dans la matérialité ? Mais n'est-ce pas aussi grâce à cette dualité que l'homme acquière la conscience du « je », puis du « Soi réel ». Aussi peut-on dire que la dualité primordiale se trouve enfouie dans le centre coccygien de même que la dualité supérieure, où l'union est cherchée et trouvée, se situe dans le centre supérieur de l'Ajna.

Dans un être parfait, le centre coronal (glande pinéale), qui est le plus haut, et le centre coccygien (glandes surrénales), qui est le plus bas, représentent la grande opposition du ciel et de la terre, la grande dualité Esprit-Matière, et ils assument ensemble et en harmonie la totale direction du véhicule de l'âme.

Le quaternaire est le symbole sacré de ce centre car il représente la base parfaite sur laquelle peut être construit un temple, ou tout édifice devant durer longtemps et s'élever très haut tel une pyramide par exemple, ou notre terre logée au centre des quatre points cardinaux. Pour l'observateur, les quatre pétales qui constituent le centre lui-même nous donnent une indication précise sur l'origine même du corps. Le premier pétale représente le développement du règne minéral, le second celui du règne végétal, le troisième celui du règne animal, et le quatrième nous élève au règne humain. Les quatre pétales forment une croix, la croix de la matière constamment crucifiée au sein de la forme, et de son expérience terrestre.

Le disciple consacré entreprend la tâche de rendre le symbole féminin immortel. Les forces inférieures de l'émotion, dites lunaires donc féminines, tant qu'elles restent centrées vers le bas sans possibilité d'extension ni d'évolution, sont le symbole de la mort ; la Mère divine reste cachée sous le voile des apparences (sanskrit : maya), sa lumière est voilée par la substance impure, grossière et primordiale ; là se trouve l'origine du premier culte des vierges noires. Au contraire, la Mère divine devient un symbole de sagesse transcendantale et d'immortalité au moment où les forces inférieures sont, par la puissance du corps éthérique (le Saint-Esprit), transmuées vers le haut, à cet endroit précis où toutes les énergies inférieures peuvent se joindre en une parfaite unité, dans le centre Ajna appelé aussi dans les écritures sacrées « La Mère » (on constate d'ailleurs une certaine relation entre la glande pituitaire, émanation physique de l'Ajna, et la substance corticale des glandes surrénales, car les deux glandes sont dites avoir une action coopérative sur le cerveau et les cellules sexuelles). On comprend mieux de cette façon le dicton occulte « Que la mère connaisse le père » ; c'est là le véritable mariage alchimique de la Mère (la pituitaire) et du Père (la pinéale). Alors seulement le corps sera ravi et aura sa place à la droite du Père dans les cieux.

LES GLANDES SURRÉNALES

Les glandes surrénales se présentent comme des structures aplaties qui coiffent le pôle supérieur de chaque rein, au niveau de la première vertèbre lombaire. Elles pèsent normalement entre quatre et quatorze grammes chez l'adulte, leur poids moyen se situant aux alentours de cinq grammes. Les surrénales disposent d'une riche vascularisation artérielle : on a trouvé dans certaines glandes jusqu'à soixante rameaux artériels.

Les surrénales sont composées de :

— La cortico-surrénale, jaune chamois (enveloppe externe).
— La médullo-surrénale, brunâtre, molle, fragile (substance interne).

Si ces deux éléments sont liés sur le plan anatomique, ils sont par contre nettement dissociés sur les plans embryologique, physiologique et pathologique.

Physiologie de la cortico-surrénale

Les cortico-surrénales sont indispensables à la vie. Elles sécrètent de très nombreuses hormones parmi lesquelles l'aldostérone, hormone de l'eau et du sel, la cortisol, hormone du groupe de la cortisone qui élève la glycémie et est indispensable pour le système musculaire et les androgènes qui ont une action identique à une hormone sexuelle mâle.

Pour la cortico-surrénale, on décrit des syndromes d'insuffisance soit chimique (maladie d'Addison), soit aiguë (graves états de choc), et des syndromes d'hyperfonction. La maladie d'Addison entraîne une pigmentation bronzée et une fatigabilité croissante. L'hyperfonctionnement provoque un virilisme avec modifications de l'instinct sexuel.

Physiologie de la médullo-surrénale

La médullo-surrénale sécrète l'adrénaline, hormone d'un intérêt capital. C'est l'hormone de l'émotion et de la vigilance cérébrale. Elle constitue un exemple typique de la synergie entre le système nerveux et les glandes endocrines, car la relation de cette sécrétion avec la vigilance cérébrale, les expressions émotionnelles, la mise en alerte de l'organisme face aux chocs ou agressions, explique l'immense étendue de ses interventions dans les réponses fonctionnelles. L'adrénaline est un des relais des mécanismes psycho-somatiques. L'injection d'adrénaline (chez l'animal ou chez l'homme) donne les mêmes résultats que l'excitation du système nerveux sympathique, c'est-à-dire :

— Sur le système circulatoire, une vaso-constriction intense et éphémère qui a pour conséquence une hypertension artérielle.
— Sur les viscères, une diminution de volume (nette sur le foie et la rate).
— Sur l'appareil respiratoire, une diminution de l'amplitude et de la fréquence respiratoire.
— Une élévation thermique légère, une augmentation du taux de glucose dans le sang.

L'activité générale des surrénales est fortement augmenté par toute émotion, qu'elle se nomme douleur, irritation, peur, ou rage. L'homme est, dans la vie trépidante des grandes cités, constamment sollicité par des agressions physiques et psychologiques dont les résultats les plus désastreux sont des états émotionnels névrotiques comme la jalousie, l'envie, la haine, la culpabilité ou la dépression. Cette tension psychologique maintient dans le sang un flux surrénalien anormal allant jusqu'à provoquer de graves perturbations au niveau du cœur, en raison de l'impossibilité de ce dernier à assumer des chocs violents dus à la pression sanguine.

Lors d'une hyper-stimulation, les surrénales apportent à l'homme une grande puissance et un esprit dominateur qui risquent facilement de le rendre dur, froid et cruel, ou de le faire sombrer dans les pires excès sexuels, tant il est vrai que les surrénales accélèrent fortement l'expression sexuelle. La recherche d'un équilibre ne pourra se faire que par la pleine activité de la glande pituitaire, car cette glande joue un rôle prédominant dans le contrôle des impulsions instinctives. L'homme d'action, doué d'un dynamisme exceptionnel, penseur profond et fécond, et dont l'éthique est rigoureuse, sera, à n'en pas douter, un individu chez qui l'harmonie est définitivement établie entre les glandes surrénales et la glande pituitaire.

Le type surrénalien masculin sera donc très brun, poilu, plutôt rablé, fort. Chez la femme se produira souvent une neutralisation de la sécrétion ovarienne, une virilité excessive qui la rendra généralement dure, sévère, de forte corpulence avec une excroissance anormale du système pileux.

Les glandes surrénales sont absolument indispensables à la vie du véhicule physique et la mort survient rapidement après l'ablation des glandes. D'un autre côté, une sous-activité détermine rapidement un état dépressif et un état de faiblesse allant même jusqu'à l'évanouissement (quelquefois bénéfique, du reste), la syncope et la mort, ce qui permet de comprendre à quel point est vital le bon fonctionnement des surrénales en ce qui concerne la vie de la substance du corps terrestre. Sans aller si loin, l'inactivité des surrénales amène chez l'individu les symptômes d'une hyper-sensibilité à toutes sortes d'impressions, bonnes et mauvaises, et si les pensées ne sont pas assez fortes pour les contrôler, il en découlera très sûrement de très graves perturbations physiques aussi bien que mentales.

Selon d'éminents endocrinologues, les surrénales sont des glandes de combat et, le produit de la conservation de l'espèce s'exprimant sur le plan de la conscience dite instinctive, cet instinct est profondément ancré dans la qualité dominante par laquelle agit l'effet de la glande, c'est-à-dire le combat ou la fuite. Cette réaction naturelle étant produite par une hyper-sécrétion des surrénales, il en découle des effets qui peuvent quelquefois paraître miraculeux, tel le cas de ces mères soulevant des charges énormes pour libérer leur enfant pris en dessous, ou encore celui d'un homme courant à une vitesse fantastique à cause d'une peur panique. Bref, ce sont ces toutes petites glandes qui nous permettent de tels tours de force. Cependant, on ne saurait prolonger très longtemps ces efforts car ce serait précipiter tout l'organisme vers une mort certaine. Mais cette éventualité a été prévue par le divin constructeur de notre corps ; en effet, les causes qui provoquent la décharge d'adrénaline dans le sang agissent simultanément sur l'hypothalamus, lequel réagit en incitant l'hypophyse à libérer une substance dite « cortico-stimuline », qui stimule la production des hormones du cortex dont le rôle au moment des agressions consiste d'une part à maintenir la pression sanguine et la parfaite irrigation des organes vitaux, d'autre part à transformer graisses et protéines en sucre qui, nous le savons bien, est une source d'énergie immédiatement utilisable, et ainsi, tout peut rentrer très vite dans l'ordre.

Dans les moments de combat où l'homme agit sans raisonner, où sa colère est telle qu'il devient véritablement aveuglé par ses actes et leurs conséquences, il ne s'agit aucunement de ce que l'on apelle le courage, mais d'une réaction purement animale et instinctive de l'individu. C'est d'ailleurs de cette façon que beaucoup de médailles furent gagnées sur les champs de bataille. Le véritable courage quant à lui est la conséquence d'un acte de volition raisonné, lucide et librement entrepris, au risque de sa propre vie. Il ne s'agit plus d'une excitation des surrénales mais du mélange de celles-ci avec la sécrétion de la pituitaire antérieure.

Sur le plan psychologique, on peut affirmer que l'homme d'aujourd'hui est comme autrefois dans une période de durs combats entre les paires d'opposés qu'il rencontre continuellement sur son chemin et qu'il doit équilibrer tant sur le plan émotionnel par le détachement, que sur le plan mental par le discernement et le difficile contrôle qu'il s'efforce de réaliser au sein de sa nature instinctive et animale par le biais d'une volonté encore défaillante mais dont le développement entraînera le contrôle immédiat des surrénales au moyen de la glande pituitaire.

Il existe une très intéressante relation entre les surrénales et la conscience objective et cosmique de l'être humain parfaitement définie par le Dr H. Spencer Lewis :

« C'est à partir de nos glandes surrénales que nos émotions, nos pensées concentrées et les impulsions du Cosmique affectent notre système nerveux grand sympathique, qu'elles sont traduites en effets mentaux ou physiques, et qu'elles augmentent en pouvoir dynamique pour se manifester fortement en nous » *(Essai d'un Mystique Moderne,* H.S. Lewis.)

Le fait que les surrénales soient si aisément affectées par les émotions nous conduit à penser qu'elles sont en relation avec le cerveau ; d'ailleurs, la fatigue cérébrale est souvent due à une fatigue des glandes surrénales et c'est pour prévenir le corps de certains dangers que la médullo-surrénale déverse dans le sang deux hormones : l'adrénaline et la noradrénaline.

Il existe une étroite relation entre nos glandes surrénales et les glandes sexuelles. Ceci a lieu par le biais des hormones sexuelles complémentaires, de celles qu'élaborent les gonades. Cette relation est très nette et permet d'observer l'influence qui a toujours existé entre la forme physique et son énergie de reproduction. De même qu'il existe une autre relation entre l'énergie sexuelle et le centre de la gorge. Tous les deux s'expriment par la force de créativité : la force sexuelle crée de nouveaux véhicules physiques, alors que la gorge (représentant l'aspect mental) crée des idées, des concepts, des formes pensées et des connaissances. Cette double relation apparaît physiologiquement par la mue de la voie en période d'adolescence.

La gorge est donc très importante pour la formation du corps comme nous le verrons en étudiant la glande thyroïde un peu plus loin. C'est par la sécrétion thyroïdienne d'iode que les surrénales reçoivent leur énergie potentielle.

Muladhara çakra

MULADHARA ÇAKRA

Ce çakra est localisé à la base de la colonne vertébrale, entre le sexe et l'anus. Il adhère à l'entrée de Sushumna et se trouve donc situé au-dessous du Kanda et de l'endroit où se rencontrent les trois nadis supérieurs.

Mula signifie racine, et adhara, support. On le nomme ainsi car il est véritablement le centre sur lequel se repose Sushumna nadi et parce qu'il est le lieu de réunion (kanda) de la racine de tous les nadis. Muladhara est formé de quatre pétales rouges écarlates sur lesquels sont écrites en or quatre lettres de l'alphabet sanskrit, symboles des quatre béatitudes : Va, Sha, Sha, Sa. Dans le mandala, Muladhara correspond à l'élément terre et est symbolisé sous la forme d'un carré de couleur jaune or. La syllabe « Lam » est la formule sacrée de ce çakra. Au centre du carré se trouve un triangle féminin appelé Traipura, c'est ici que se trouve la résidence de Kundalini, la force féminine potentielle. Chez l'homme, la pointe du triangle est inversée pour indiquer la différence de polarité, le corps subtil étant sexué comme le corps physique. On considère en effet généralement que la femme est physiquement négative et psychiquement positive, et que l'homme au contraire est physiquement positif et psychiquement négatif. Dans le triangle la pointe en bas se dresse le Svyambhu-Lingam autour duquel, lumineuse et puissante, repose Kundalini, qui fait trois tours et demi sur elle-même et couvre de sa tête l'orifice du Lingam. Lors de la méditation, on visualise Kundalini tenant le livre et la Vina, exécutant les mudras Abhaya et Varana et chevauchant un lion. La divinité tutélaire de Muladhara est Brahma et sa Shakti (contrepartie féminine) est une Dakini debout sur un lotus rouge, tenant la pique, le khatvanga, l'épée et la coupe de nectar ; elle est d'apparence terrifiante et confère l'illumination.

Ce çakra exprime la qualité de cohésion. Muladhara régit l'odorat comme organe de sensation et les pieds comme organes d'action. L'éléphant blanc, symbole des initiés, représente Kundalini en action, lorsque celle-ci s'élève avec force et puissance à travers les sept çakras (les sept trompes de l'éléphant).

V.

« Il en est du royaume de Dieu comme d'un homme qui jette la semence en terre : qu'il dorme ou qu'il veille, la nuit et le jour, la semence germe et croît sans qu'il sache comment, car la terre produit d'elle-même son fruit. »

Jésus.

LE CENTRE SACRÉ

Le centre sacré est appelé en sanskrit le çakra SVADHISHTHANA. Ce centre ainsi que le coccygien est le récepteur de deux courants particuliers, l'un venant de la kundalini elle-même, et l'autre de la vitalité solaire. La qualité de l'énergie du centre sacré est encore de nature très matérielle. Sa fonction est l'entretien de la vitalité qui anime et soutient le corps physique ainsi que ses différents organes d'assimilation. Ce centre affecte surtout les organes génitaux ou gonades, qui en sont l'extériorisation physique.

Le centre sacré est très ancien et fut amené à sa pleine activité fonctionnelle au temps de l'ancienne Lémurie qui est supposée avoir été le siège de la troisième race mère. Vu par clairvoyance, le centre sacré est comme un lotus vermillon à six pétales ; il est situé dans la région lombaire à la racine des parties génitales.

Le centre sacré est un centre psychique très puissant puisqu'il contrôle toute la vie sexuelle. Du point de vue initiatique, les maîtres disent qu'il doit rester aussi actif jusqu'à ce que les deux tiers de l'humanité aient foulé le sentier du disciple et pris une initiation. En effet, il faut que le processus des générations se poursuive et se maintienne suffisamment actif pour pouvoir fournir des véhicules physiques aux âmes prêtes à se réincarner. Cependant, au fur et à mesure des progrés de l'humanité, le centre sacré deviendra un centre parfaitement contrôlable et la plupart de ses activités seront soumises à la volonté et à la raison. En fait, elles résulteront simplement d'une plus juste harmonie avec les principes mystiques et les lois cosmiques au lieu de résulter, comme cela se passe de nos jours, de frustrations et de désirs incontrôlés.

Le centre sacré est souvent représenté comme un soleil physique. De même que lui, il est la source de la vitalité, l'agent porteur de la vie. C'est pourquoi il est symbolisé par l'eau fertilisante et porteuse de vie, symbole aquatique qui se rattache primordialement à la période de gestation antérieure à la naissance, que ce soit sur le plan du macrocosme ou celui du microcosme. Si l'on comprend bien sa nature, on peut retracer toute l'histoire d'une conception et d'une création, qu'il s'agisse d'un corps humain, d'une organisation bâtie autour d'un idéal, d'une planète, ou d'un système solaire. Comme le réaffirment souvent les maîtres de sagesse, le centre sacré est celui qui par-dessus tout devra exprimer un jour les forces d'impersonnalité afin que puisse être définitivement résolu le problème complexe et total du dualisme. Pour cela, il faut que les hommes en recherchent, avec sérieux et patience, les causes profondes, et ce dans l'univers subtil et délicat de la pensée, afin que les réactions de nature physique, telles que la passion, la haine et la colère, l'orgueil et la jalousie, l'attachement et l'égoïsme, soient parfaitement reconnues et justement canalisées vers le dessein de la divinité et qu'ainsi les hommes puissent comprendre que leur devoir le plus éminent est de s'occuper des desseins divins et non de désirs personnels. Lorsque cela sera bien compris et bien entendu appliqué, l'humanité approchera du point où un grand transfert d'énergie pourra s'effectuer dans le centre supérieur de la création, le centre laryngé.

L'énergie du centre sacré qui alimente les organes génitaux sera de cette façon transmuée au centre de la gorge et le processus de création sera poursuivi au niveau de la pensée et des idées comme c'est maintenant le cas pour l'élite pensante de l'humanité. Ainsi sera éveillée l'intelligence encore endormie des races... Le Verbe créateur pourra alors exprimer une force essentielle de la divinité, la beauté de la pensée.

Il reste évident qu'une telle transmutation ne se fera pas en un jour. Ceux qui, pour une raison ou une autre, ont accéléré le processus et rendu le transfert possible, doivent s'attendre à toutes sortes de tensions et de réactions allant de la simple congestion à l'inflammation, voire à la naissance de maladies graves dans les organes situés à la périphérie du centre sacré. C'est ce qui arrive de nos jours, particulièrement dans les grandes villes surpeuplées qui affectent le centre sacré ainsi que le plexus solaire. Les glandes majeures et mineures endocrines et lymphatique se trouvant dans la région abdominale sont souvent, chez les aspirants au caractère instable et changeant, puissamment affectées, et, en raison de leur hypersensibilité, constituent à notre époque un source de troubles plus ou moins graves.

La discipline personnelle est encore une nécessité en ce qui concerne le centre coccygien et le centre sacré. Le contrôle de ce dernier est pour les disciples sur le sentier un travail ardu, car la force de ce centre est la force fondamentale de notre propre système solaire et cette attraction doit être transmuée pour que finalement l'attraction de l'âme finisse par remplacer l'activité créatrice de la reproduction matérielle. Voilà pourquoi, dans les philosophies anciennes et dans les temples d'initiation, ce centre était mis en sommeil (comme il doit l'être de nos jours) par l'acte symbolique de se taire, l'une des injonctions du sphynx. Se taire se référant ici au centre sacré lorsque celui-ci est devenu silencieux.

Un homme dont la conscience s'exprime par ce centre est un individu peu évolué mentalement, régi surtout par ses instincts et dont l'expression sera essentiellement fondée sur l'auto-protection, l'attachement aux objets, ainsi que sur la reproduction du moi.

Hyper-activité

Une hyper-activité du centre sacré s'avère très dangereuse. Elle produira quelquefois des anomalies physiologique des organes de reproduction (mâles et femelles). Ces troubles sont maintenant bien connus tant par le médecin que par le psychologue.

Le mystique doit être prudent car, par ses efforts, il peut souvent soit faire descendre des énergies provenant des centres supérieurs, ou d'autres sources mal connues, soit bloquer tout simplement l'expression sexuelle naturelle, ce qui amène des stimulations exagérées non seulement du centre mais encore de tous les organes proches de sa périphérie, et donc de graves perturbations obsessionnelles, voire des cancers.

Il est utile de savoir aussi que ce centre a des rapports étroits avec la construction des corps et donc avec le troisième aspect de la trinité (l'élément eau). Il est en quelque sorte le Saint-Esprit, qui fertilise la matière vierge représentée par l'élément terre du centre coccygien, afin que naisse le fils (l'élément feu) ou le second aspect de la trinité. Le centre sacré est donc étroitement assimilé à la matière, en tant qu'agent qui prédispose à la génération physique, il est aussi relié par un afflux d'énergie à deux autres centres qui sont :

— Le centre psychique de la rate, l'organe récepteur du prana (ou Noüs), c'est-à-dire de l'énergie vitale positive provenant du soleil.
— Le centre coccygien qui jusqu'à ce que l'aspect

Volonté divine soit éveillé chez l'homme, nourrit toutes les parties de la structure humaine en leur distribuant le grand principe donneur de vie, la volonté de vivre.

Ces trois grands centres créent ensemble un grand triangle de force se rapportant à la matière, à la création de la vitalité et au parfait maintien des formes, par la loi d'attraction et de répulsion. Cependant, ce triangle n'est que le reflet d'un triangle supérieur composé comme suit :

— Le centre laryngé correspondant au centre sacré.
— La glande pituitaire correspondant au centre de la rate.
— La glande pinéale correspondant au centre coccygien.

La relation entre ces deux triangles permet de découvrir le mystère de l'instinct de conservation, de la survie des corps subtils après la transition et du principe d'immortalité. Afin d'inciter à la recherche ceux que ces questions intéressent et surtout lorsque ces questions sont relatives aux maladies psychosomatiques, précisons que le centre sacré est relié au centre frontal (Ajna) et que ces deux centres créent une dualité fonctionnelle produisant ce que nous appelons la personnalité.

La loi d'attraction est en quelque sorte le résultat du bon fonctionnement du centre sacré, c'est aussi son aspect le plus marquant. En effet, son extériorisation physique se trouve être les gonades ou organes humains de reproduction considérés comme une unité fondamentale, bien qu'ils soient temporairement séparés dans l'expression dualiste actuelle de l'être humain (mentionnons à ce propos une maladie très rare qui est appelée l'hermaphrodisme vrai, et qui est caractérisée par la présence simultanée des deux sexes bien différenciés l'un de l'autre, par exemple un testicule à droite et un ovaire à gauche). Cette séparation entretient une puissante tendance à la fusion, ce pressant besoin que nous appelons « sexe », et qui n'est rien d'autre que l'instinct qui pousse à l'unité dans sa toute première expression. C'est aussi le principe inné de tous les mystiques recherchant l'union avec Dieu.

Comme dans tous les domaines abordés par des hommes ignorants et inexpérimentés, nous avons déformé une idée divine et rabaissé à des désirs matériels une nécessité immatérielle et divine. Il appartient donc aux étudiants mystiques du monde de continuer leurs efforts en vue d'orienter l'énergie du centre sacré vers ses fonctions réelles, permettant ainsi de retrouver un équilibre fondamental sans lequel la construction des centres psychiques supérieurs du temple de l'homme ne serait qu'un mirage des sens.

LES GONADES

Du grec : *gonos,* qui signifie semence.

L'appareil génital de la femme se compose de deux glandes, des ovaires, des trompes utérines qui conduisent les ovules jusqu'à l'utérus, de l'utérus, du vagin et de la vulve, ainsi que des glandes mammaires.

L'appareil génital de l'homme comprend les testicules, les voies spermatiques, le pénis, la prostate. Chaque testicule a la forme d'un ovoïde, dont le volume et le poids sont soumis à des variations individuelles.

Les gonades incarnent la force vitale et toute force inhérente au plan physique. C'est l'expression de la vie animale. On peut donc affirmer que leur origine est liée à l'origine même de la terre et que la qualité de l'énergie générée par les gonades est en rapport exclusif avec la force vitale et éthérique de l'homme et s'adresse par conséquent aux individus peu ou pas évolués.

La gonade mâle est le testicule où se forment les spermatozoïdes. Ils sont contenus dans le sperme, lui-même contenu et emmagasiné dans la prostate située à la base de la vessie dont elle entoure le col. La prostate a une influence extrêmement importante au niveau de la personnalité et surtout du caractère.

Le testicule de l'homme présente une fonction endocrine et une fonction exocrine. C'est la sécrétion interne de substance corticale qui rend l'homme viril. La fonction endocrine produit la testostérone qui agit sur le développement musculaire et le squelette, fonction qui est sous le contrôle de l'hypophyse (pituitaire). La fonction exocrine quant à elle produit les spermatozoïdes.

Le rôle des testicules commence à s'affirmer bien avant la puberté. En fait, il débute dès la vie embryonnaire. N'oublions pas que le centre sacré qui a donné la vie à ces glandes sexuelles est responsable de l'entretien de la vitalité dans le corps et cela dès la naissance. Il a été démontré scientifiquement que la suppression des gonades embryonnaires à un stade précoce de la vie fœtale empêche la différenciation sexuelle de l'embryon mâle qui se développe alors selon le type femelle.

Il est intéressant de constater que le centre sacré a pour symbole l'élément eau et est en rapport avec le liquide amniotique dans lequel se trouve l'embryon. Les mystiques tibétains prétendent même qu'ils peuvent agir sur le centre sacré en liaison avec certains cycles lunaires pour déterminer le sexe d'un enfant à venir.

Le centre sacré comme nous l'avons vu est lié au centre de la gorge. C'est pour cette raison que la castration des garçons avant la puberté retarde l'ossification et amène une atrophie du larynx ; la voix reste aiguë, les poils ne poussent pas sur le visage et le type tout entier devient efféminé. D'autre part, le mental reste faible et paresseux. D'ailleurs, nous verrons plus tard que le développement du mental est surtout lié au centre laryngé.

Les ovaires chez la femme présentent également deux fonctions, l'une endocrine et l'autre exocrine. La fonction endocrine est sous le contrôle de la pituitaire et a pour rôle la préparation après la libération de l'ovule. La fonction exocrine a une action qui aboutit à chaque cycle à la libération de l'ovule.

Les ovaires règlent la distribution des sels calcaires et des grossesses successives épuiseront finalement toutes les réserves de sel calcaire entraînant une forte décalcification osseuse. C'est la substance endocrine sécrétée par les ovaires qui vitalise et donne à la femme sa féminité. Cependant, chez la femme à qui on a pratiqué une ablation des ovaires, la féminité n'apparaît pas et le type devient masculin. L'aspect des ovaires change au cours de l'évolution de l'individu. Leur surface est lisse jusqu'à la puberté, devient ensuite de plus en plus irrégulière. Après la ménopause, ils diminuent considérablement en volume.

Les grandes périodes de maturation et d'involution des gonades (puberté, cycle génital de la femme, ménopause), et les anomalies ou maladies des glandes sexuelles constituent des événements à la fois biologiques et psychosociaux de première grandeur, de telle sorte que certains troubles mentaux peuvent être à la fois des effets des troubles hormonaux sexuels et des expressions de la libido, des conflits qu'elle implique dans le jeu des instincts et des sentiments.

Les rapports des troubles psychologiques de la puberté avec le processus hormonal sont très discutés. Les facteurs culturels sont de première importance et les travaux des ethnologues insistent sur le fait que dans les sociétés où le développement sexuel s'accompagne de réalisations libres, l'adolescent évite le passage d'une période conflictuelle qui caractérise souvent l'âge pubertaire dans nos civilisations. Le docteur W. Kapp a dit justement que « le sexe a soulevé l'homme au-dessus de la banalité, mais il a aussi été la plus grande source de brutalité ».

Ces deux extrêmes sont déterminés en fait par deux autres glandes endocrines. D'une part les surrénales qui accélèrent l'expression sexuelle, et cela est dû au développement excessif du centre sacré dont la cause est souvent une mauvaise activité de la pituitaire ou du thymus ; les résultats déterminent les psychoses bien connues de perversions sexuelles et mentales. D'autre part, le thymus qui lui a une fonction neutralisante sur le sexe et en équilibre la fonction, laquelle, ne l'oublions pas, doit être utilisée sainement et avec discernement, tout cela avec un profond respect et une parfaite connaissance des cycles par lesquels s'exprime l'énergie sexuelle créatrice. (Lire à ce propos l'excellent ouvrage du Docteur H.S. Lewis sur *La Maîtrise de Soi et le Destin, avec Les Cycles de la Vie* (1).)

Cette force en action sur le plan physique tend à unir mâle et femelle en vue de procréer et de fournir une forme à la vie, en incarnation. Lorsque l'homme devient spirituel, cette force se manifeste presque exclusivement sur le plan de l'âme, comme un pouvoir cherchant à conformer à son dessein la personnalité inférieure et humaine. Sur le plan cosmique, cette énergie se manifeste comme une force attractive entre l'esprit et la matière.

Lorsque les énergies du centre sacré, actuellement concentrées sur la création de véhicules physiques et cela pour la plus grande partie de l'humanité, ce qui au niveau terrestre est un acte des plus sublimes, seront élevées et réorientées vers le centre laryngé, le disciple deviendra (et beaucoup le deviennent très vite !) une force consciemment créatrice dans les mondes supérieurs de la conscience cosmique et spirituelle. Voyons ce qu'en dit le grand yogi Aurobindo dont les efforts s'attachaient à unir les sagesses d'Orient et d'Occident :

L'énergie sexuelle utilisée par la nature pour la reproduction est dans sa nature réelle une énergie fondamentale de vie. Elle peut être utilisée non pour une élévation mais pour une certaine intensification de la vie vitale émotive. Elle peut être maîtrisée et détournée des

---

(1) Editions Rosicruciennes.

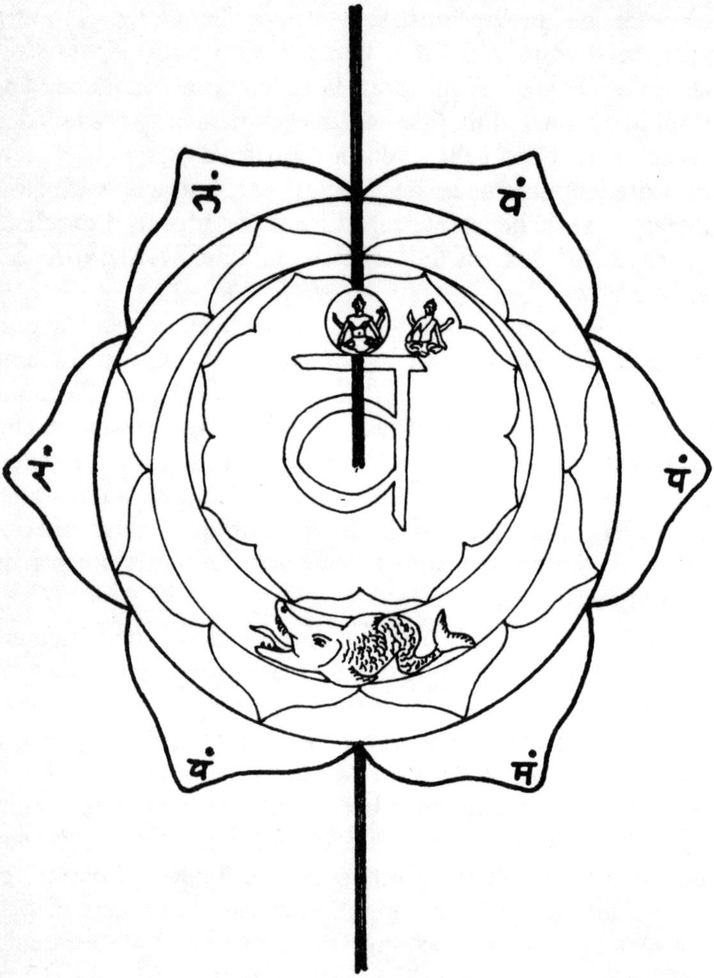

Svadhisthana çakra

fins sexuelles et utilisée pour la création et la productivité esthétique, artistique ou autre, ou conservée pour élever les énergies intellectuelles. Entièrement maîtrisée, elle peut aussi être transformée en une force d'énergie spirituelle. C'était un fait bien connu dans l'Inde antique et on l'appelait la conversion de Retas en Ojas par le Brahmacharya. Mal utilisée, l'énergie sexuelle conduit au désordre et à la désintégration de l'énergie de vie et de ses pouvoirs. » (Sri Aurobindo.)

SVADHISTHANA ÇAKRA

Ce çakra est localisé à la base des organes génitaux, à l'intérieur de la nadi Sushumna. Il possède six pétales vermillons portant les lettres Ba, Bha, Ma, Ya, Ra, La. Il représente l'élément eau, son bija mantra est « Vam ». Dans le mandala, il a la forme d'un nénuphar à huit pétales blancs comme neige, accompagné d'une demi-lune, et prend la forme de Varuna, déité présidant aux eaux, qui est de couleur blanche et est montée sur le makara, animal mythique ressemblant à un crocodile. La divinité assignée à ce çakra est Vishnou : il est vu sous la forme d'un adolescent à quatre bras, avec un corps bleu et portant le Srivatsa et le Kaustubha ; il tient dans ses mains la conque, le disque, la massue et le lotus ; il chevauche l'oiseau Garuda. Sa Shakti est Rakini : elle est assise sur un lotus rouge et porte la pique, le lotus, le damaru et le ciseau ; elle est de couleur bleue et d'aspect furieux ; ses trois yeux sont rouges de colère et une narine saigne abondamment.

Ce çakra régit le sens du goût comme organe de sensation et la main comme organe d'action.

VI.

> « Voici un mystère que je vous révèle : nous ne mourrons pas tous, mais tous nous serons changés. »
>
> Saint Paul.

LE CENTRE DE LA RATE

La rate

Le centre de la rate, situé un peu au-dessus du centre sacré, n'est presque jamais mentionné dans les différents textes du fait qu'il n'intervient pas dans le processus initiatique mais s'occupe surtout de l'aspect vital de l'homme. La rate canalise la vitalité non pas vers un centre particulier mais vers tous en général.

On mélange souvent le centre sacré avec celui de la rate. En fait, le centre sacré est l'homologue spirituel de la rate. Ce centre est l'agent le plus important de la force inhérente à la matière. Il est donc un important foyer distributeur d'énergie. Dans ce centre sont mises en contact la vie négative de la matière (l'énergie de l'esprit) et l'énergie positive du double éthérique (Noüs ou Prana). De cette façon se produit « l'étincelle » entre le plan divin et le plan physique, et cela par l'intermédiaire du corps éthérique. La vie dynamique inhérente à l'oxygène vitalise le corps en y pénétrant à la naissance par la tête et le cœur ; cependant un courant plus réduit et légèrement différent entre dans le corps physique par la rate et, s'élève vers le cœur pour s'unir à l'autre courant. Les archives occultes enseignent que là réside le mystère de l'attraction des électrons et des cellules, ainsi que leur vitalisation. Le retrait de cette force vitale entraîne la désintégration des cellules dont le corps est composé.

Dans l'être humain, l'énergie vitale du soleil est assimilée par le centre éthérique de la rate qui est, je le rappelle, la contrepartie de la rate physique. Mais le centre récepteur principal se trouve entre les omoplates ; il est précisément situé entre le centre laryngé et le centre cardiaque, dans la colonne vertébrale, mais reste cependant plus près du cœur que de la gorge. Un troisième centre est situé légèrement au-dessus du plexus solaire mais reste assoupi et inactif, du moins partiellement, et ce à cause des conditions de vie (pollution) dans les grandes villes.

Ces trois centres forment un triangle d'activité identique au réseau récepteur de la vitalité à l'échelle planétaire dont le centre récepteur est assuré par la voie lactée (le fleuve nourricier de certaines traditions, le Gange pour l'Inde, le Nil pour l'Egypte).

Dans la contrepartie émotionnelle, la rate est l'organe de la vitalité dans le sens de lien avec le plan de la pensée, son énergie sert à peu près au même but, mais à travers ce centre se manifestent cette fois les formes-pensées vitalisées par l'intermédiaire de la volonté stimulante.

Précisons que, dans cet aspect nourricier, existe un nouveau rapport entre la rate et le centre coronal au niveau du corps éthérique. L'organe de la rate d'autre part a une correspondance avec le cordon ombilical qui, on le sait, relie la mère à l'enfant, afin d'alimenter ce dernier, et qui est finalement rompu à la naissance.

Lorsque l'énergie vitale pénètre dans l'un des trois centres ci-dessus mentionnés, on nous dit qu'elle circule trois fois autour de ce triangle avant d'être transmise à toutes les parties du corps éthérique et de là au corps physique. La force est canalisée dans six directions différentes, cependant les textes n'en mentionnent que cinq car certains des courants qui diffusent la force vitale, après que celle-ci ait été stimulée par la rate, finissent par se rejoindre : d'une part le courant bleu et le courant violet, d'autre part le courant rouge et le courant orangé. On peut brièvement résumer leur destination : le premier courant violet-bleu va vers le centre laryngé, le second courant, vert, est dirigé vers le centre solaire et sa périphérie, le troisième courant, jaune, monte vers le centre du cœur (et non pas dans le cœur physique), le quatrième courant, rouge-orangé, descend dans le centre coccygien et le cinquième courant, rouge foncé, se dirige vers l'ensemble des systèmes nerveux.

Lorsque ces forces sont correctement canalisées dans l'organisme, il s'ensuit chez l'homme un retour à la santé grâce au développement d'une aura magnétique et bienfaisante tant pour lui-même que pour ceux qui peuvent l'approcher. En effet, les émanations canalisées par des milliers de nadis s'extériorisent finalement du corps vital au moyen de la radiation de surface pour aller, après avoir fusionné avec le potentiel personnel de l'homme et lui avoir conféré sa note et sa qualité particulière, alimenter des formes de vie élémentaire. C'est là une circulation magnétique sans fin allant du plus haut vers le plus bas.

Selon les enseignements traditionnels, le centre de la rate a sa correspondance dans l'activité et se manifeste par le pouvoir d'adaptabilité. Il constitue la base de toutes les activités fondamentales de la vie humaine, des adaptations périodiques avec l'environnement et les besoins, ainsi que de l'harmonie qu'elle opère avec l'universel.

En ce qui concerne la rate physique, il y a peu à dire excepté qu'elle joue un rôle prédominant contre les affections, dans l'épuration et la vitalisation du sang dont elle constitue un réservoir assez important. Elle peut en cas de besoin libérer rapidement des globules rouges dans la circulation sanguine et suppléer en partie à une éventuelle perte de sang par hémolyse ou hémorragie. Elle a aussi pour fonction la fabrication des lymphocytes ou globules blancs et la destruction définitive des cellules du sang. Le processus de vitalisation du centre de la rate ne sera cependant efficace que si la rate physique est elle-même en parfait état ; d'où les soins à porter à la boisson et à la nourriture.

VII.

> « A qui veux-tu adresser ton culte ? A ton feu ai-je répondu. »
>
> Manuscrit persan.

LE CENTRE SOLAIRE

Le centre solaire, appelé en Orient MANIPURA, a depuis fort longtemps été considéré comme l'un des plus importants de l'homme. Il faut reconnaître que ses fonctions ont été et sont encore très importantes, mais il n'est pas à proprement parlé un centre majeur.

On localise généralement le centre éthérique solaire à quelques centimètres derrière l'épine dorsale, à la jonction des vertèbres dorsales et lombaires. Sa couleur est rose avec un mélange de vert, et on lui attribue dix pétales ; son extériorisation physique est le pancréas.

L'énergie du centre solaire est une force de nature émotionnelle fortement influencée par les désirs et les nerfs sensitifs du toucher. Le centre solaire est le cerveau par lequel réagit le règne animal, de même la conscience d'une grande partie des gens peu évolués et des aspirants sur le sentier est fondamentalement polarisée dans le centre solaire.

Ce centre fut amené à un haut degré de développement à l'époque atlantéenne. Il est relié de façon particulière au centre cardiaque, au thymus et au centre frontal, et cette relation est grandement facilitée par un bon fonctionnement du plexus solaire.

On considère avec justesse que le plexus solaire, réseau nerveux physique bien connu (qu'il ne faut surtout pas confondre avec le centre solaire placé derrière l'épine dorsale !), est le reflet du « cœur du soleil » dans la personnalité, un peu comme le centre cardiaque. D'ailleurs, il reste pour la plupart le centre par où s'écoule le plus grand flot d'énergie de nature encore émotionnelle et astrale. Etant donné sa nature, il importe donc que chacun s'efforce de diriger et transmuer cette force en aspiration car c'est par lui (le centre solaire) qu'opèrent médium et voyant. Faisons ici remarquer que tous les hommes entièrement gouvernés par leurs instincts, c'est-à-dire leurs passions et leurs désirs, réagissent par les trois centres que sont le centre sacré, le centre solaire et le centre cardiaque. A notre époque, le travail des disciples est surtout, et cela dans les premières phases de la discipline, de faire monter en les transmuant les énergies du centre solaire vers le centre cardiaque. Dans un certain sens et bien qu'il ne soit pas un centre majeur, le centre solaire est d'importance stratégique car il est le point de rencontre des centres localisés sous lui et au-dessus de lui. Il représente donc un point de fusion entre les énergies de la personnalité et celles de l'âme. Dans la vie du disciple, c'est le moment crucial du choix entre la progression possible de la conscience vers le haut ou le maintien de la polarisation de la conscience dans les centres inférieurs, c'est-à-dire pour son bien propre, créant ainsi les effets bien connus de l'égoïsme, de l'égocentrisme, de l'hypersensibilité, de l'angoisse, etc. Ce centre, qui affecte l'individu moyen, est donc le responsable de toutes les maladies d'origine émotionnelle, dont deux causes principales sont connues sous les noms de frustation et inhibition.

Comme nous le constatons, le centre solaire est l'un des plus perturbateurs, il est la cause majeure des maux d'estomac et d'intestin, des troubles hépatiques et de bien d'autres encore. On peut affirmer que la majorité des gens ont la zone ventrale dans un perpétuel tourbillon et cela est dû autant à des causes individuelles que collectives.

Comme nous l'avons déjà dit, les centres sont les causes premières dans la formation et la construction du temple de l'homme ou, en d'autres termes, du mécanisme de l'âme. Il est donc normal de constater les difficultés qu'ont les glandes endocrines à s'adapter aux rythmes que lui impose la conscience objective en cours d'évolution et particulièrement dans ce siècle si riche en nouveautés. Mais cela fait partie du plan d'évolution et chacun doit en être conscient. A mesure que la nature émotionnelle se développe et que par conséquent la pensée et l'intellect deviennent plus actifs, les centres correspondants deviennent également plus actifs et on peut alors observer l'émergence de troubles définis. Prenons l'exemple du centre laryngé qui, en se développant, entraîne une activité accrue de l'intellect et détermine ainsi une grande complexité de pensée : nous verrons l'apparition de troubles d'ordre psychologique. Chaque centre détermine donc un nombre bien précis de troubles inhérents à la qualité de son énergie respective.

Si un effort n'est pas consciemment entrepris concernant le centre du plexus solaire et de sa vie intensément émotionnelle, l'usure et la dégradation qui en découlent prédisposeront l'individu à une santé faible, voire inexistante et cela à cause d'énergies inférieures mal dirigées et surtout mal employées.

Dans les tous premiers stades de son développement, le centre solaire influence l'homme dans son comportement exclusivement basé sur la nature de ses désirs et de ses émotions. Lorsque l'homme prend conscience qu'il n'agit pas conformément au plan divin et selon les lois cosmiques, il cherche à dominer ce centre et c'est dans cette période que beaucoup de techniques, de disciplines, ont pris naissance en Orient et que l'on mit tant d'importance sur la force et la valeur du ventre, spécialement au Japon avec la notion de Hara ou Seika

Tanden, comme moyen d'équilibre et de libération. Vient, après cette période de dur combat, un moment dans la vie du pèlerin où le centre solaire devient la chambre de compensation de tous les centres majeurs et mineurs. Alors seulement, par un effort volontaire et illuminé, le disciple peut élever les forces du centre solaire vers le centre cardiaque ; c'est là une période délicate où souvent l'instinct purement animal fait place à une dévotion que l'on peut dire excessive et fanatique dans bien des cas. Cela arrive lorsque le centre de la gorge n'est pas suffisamment actif. Néanmoins, lorsque cette transmutation a commencé et que la conscience émotionnelle individuelle centrée dans le centre solaire est élevée dans le cœur, l'homme acquiert le sens de la responsabilité de groupe et devient par conséquent un serviteur véritable, non pas seulement parce qu'il faut servir mais parce qu'il a perçu au plus profond de son âme la valeur du service et que l'amour de ses frères lui impose dès lors d'être leur serviteur. C'est là la note clé des disciples avancés.

Un aspirant sachant que sa conscience est encore fortement focalisée dans le centre solaire et s'exprime plus souvent par l'émotion (plexus solaire) que par la raison, devrait s'abstenir de toute forme d'exercice respiratoire, voire d'exercices cherchant à développer des facultés psychiques. Dans le premier cas, l'énergie vitale prise par l'exercice respiratoire ira immédiatement nourrir le centre solaire et intensifiera ses effets, désirs et émotions, avec toutes les conséquences que l'on peut aisément imaginer. Dans le second cas, ce qui est développé n'est pas en relation avec les pouvoirs spitituels de l'âme, mais avec les forces instinctives de sa nature la moins élevée. Finalement, l'aspirant est mis en contact avec ce champ de conscience inférieur appelé le plan astral, récoltant ce qu'il a volontairement semé : l'illusion, l'obsession et l'ignorance. Ceci s'adresse tout particulièrement à ceux qui s'adonnent à des pratiques de magie sexuelle, ou encore ceux, spirites peu instruits, recherchant des pseudo-contacts avec les désincarnés. Nous avons déjà dit que les types d'hommes peu avancés du point de vue spirituel avaient comme foyer de conscience le centre solaire, sans oublier cependant que le point focal qui en contrôle l'énergie reste tout de même celui de la tête, mais n'est pas consciemment reconnu. C'est pourquoi, à l'heure de la transition, l'âme d'une telle personne quitte le corps par le centre solaire et non par le centre coronal comme cela doit avoir lieu pour les initiés et adeptes. Cette sortie par un centre situé au-dessous du diaphragme empêchera la continuité de conscience d'un plan à l'autre.

Bien que le centre solaire soit inclus dans le processus initiatique, il n'est pas spécifiquement relié aux initiations et cela à l'inverse des centres supérieurs situés au-dessus de lui, car lui-même et les centres localisés en-dessous de lui sont surtout en rapport avec la personnalité, avec l'homme et sa psychologie, et il leur faudra finalement être complètement sous le contrôle de l'âme au moment où sera prise une initiation d'un certain degré. La qualité de l'énergie du centre solaire est la chaleur ; c'est pour cela que l'élément feu est son attribut particulier. Il est, avec le centre frontal, un centre dit de synthèse car en lui finiront par se concentrer toutes les énergies inférieures afin d'être élevées vers la partie supérieure de l'être.

LE PANCRÉAS

Du grec *Pan* = tout
Créas = chair

Le pancréas est une glande à sécrétion interne et externe reliée au duodénum par ses canaux excréteurs. Il est solidement maintenu par le duodénum, auquel il est uni, par ses vaisseaux qu'il reçoit ou qu'il émet, enfin et surtout par le péritoine qui l'applique sur la paroi abdominale postérieure.

C'est un organe allongé de droite à gauche, aplati d'avant en arrière, de forme très irrégulière pouvant être cependant comparée à celle d'un crochet.

Les cellules du pancréas sécrètent l'insuline qui a une action hypoglycémiante ; celle-ci agit d'une part en facilitant l'entrée du glucose dans les cellules des différents tissus et sa consommation par les cellules, et d'autre part en agissant sur le foie. Les cellules du pancréas sécrètent le glucagon dont l'action est complexe. Il semble que celui-ci favorise l'utilisation du glucose.

Le pancréas est l'extériorisation physique du centre solaire. Ce centre psychique possède une autre extériorisation secondaire au niveau de l'estomac et l'énergie prise par lui ou par la rate influencera fortement l'activité de l'estomac, du foie, de la vésicule biliaire et du système nerveux en général. D'un autre côté, les fausses attitudes émotionnelles contribuent à engendrer des maladies surtout localisées dans l'estomac, le pancréas, le conduit biliaire, le foie et les intestins. Cela est dû en grande partie aux violences de l'irritation constante et de la colère, ainsi qu'aux soucis de la vie quotidienne, de la peur sous toutes ses formes, de la tendance destructrice à juger ou à critiquer. Bref, tout cela génère dans le sang des toxines dont il est relativement difficile de se débarrasser si les habitudes négatives dans la façon de vivre et de penser ne sont pas profondément transformées par l'amour, le tolérance ou le sens de la fraternité.

C'est dans le centre solaire et le plexus du même nom que se trouve la cause principale des maladies dite psychosomatiques, et on peut dire que 80 % de ces maladies proviennent dans nos grandes villes de causes exclusivement émotionnelles.

L'étude des relations entre les centres est donc fondamentale, car elles sont les causes réelles de l'activité ou de la non-activité des glandes. Afin de rendre cela plus clair, prenons un exemple : le jugement agressif part du centre laryngé qui envoit ses énergies vers le plexus solaire et, de cette façon, contribue à en affecter les organes les plus faibles. Ainsi est-il plus aisé de comprendre l'injonction biblique de ne pas juger autrui de peur d'être jugé soi-même, la sentence d'un tel jugement étant un certain déséquilibre et une mauvaise santé. Ce n'est pas là une punition mais plutôt un effet salutaire de la loi karmique ou loi de rétribution. Il faut donc prendre en considération que la maîtrise des émotions ne s'obtient pas par quelque méthode de respiration, mais par le développement de certaines vertus et qualités de conscience telles que la paix et le détachement, l'étude des valeurs réelles et permanentes, la culture de la patience et l'approfondissement des lois du temps et de l'espace, ainsi que par la pratique du service à autrui et du sacrifice de soi. Tout cela tendra à régulariser le centre solaire sans cependant oublier que ce processus passe inévitablement et parallèlement par l'entretien des organes correspondants. C'est le centre solaire qui rend l'homme peu évolué progressif puisque celui-ci est encore ambitieux et égoïste, attachant de l'importance à ses propres satisfactions. Chez le disciple au contraire, il importe de sublimer les désirs égoïstes en aspirations. Ce transfert des énergies du centre solaire vers le centre cardiaque est la cause de nombreux malaises et maladies cardiaques. C'est pour cela que tant de disciples sur le sentier meurent de nos jours par l'intermédiaire de maladies du cœur. C'est le prix à payer dans une vie ou dans une autre, ceci étant un processus évolutif naturel qui n'a en définitive qu'une importance relative si l'on considére la vie de l'âme dans sa continuité et non pas dans l'instant fragmentaire d'une incarnation. Là, comme en toutes choses, il faut respecter la voix du juste milieu. Une dernière indication sur le pancréas nous est donnée ici par le Dr H. S. Lewis :

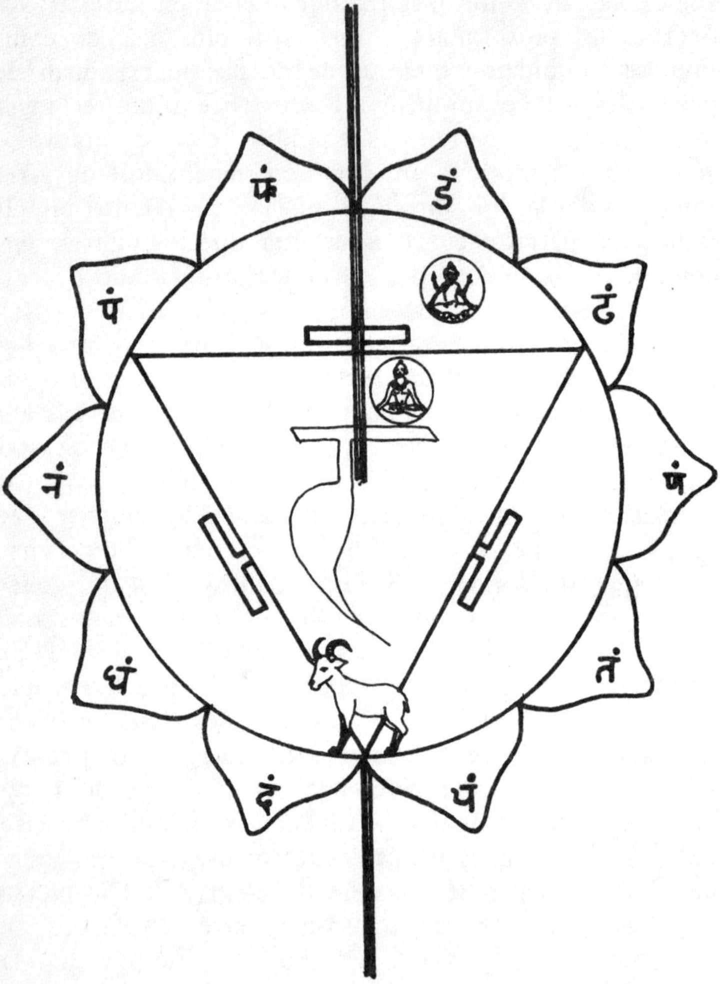

Manipura çakra

« En général, cette glande fonctionne de façon très anormale chez les personnes qui ont laissé de côté le développement du moi psychique et spirituel. Tant que ceci n'est pas corrigé et que ces activités ne sont pas mises en mouvement, il ne peut y avoir en l'homme un mélange parfait de pouvoirs psychiques, spirituels et physiques du corps et de l'être (1). »

MANIPURA ÇAKRA

Manipura vient de « mani », gemme flamboyante, et « pura », cité. C'est un lotus rouge flamboyant localisé à peu près à deux pouces en-dessous du nombril. Il comporte dix pétales de couleur gris plombé portant les lettres Da, Dha, Na, Ta, Tha, Da, Dha, Na, Pâ, Pha. A l'intérieur du çakra se trouve un triangle rouge, pointe en bas, représentant l'élément feu, avec pour bija mantra la voyelle « Ram ». La divinité qui y réside est Rudra, vu sous l'apparence d'un vieillard, le corps blanchi par des cendres et des ornements formés de colliers de crânes et de serpents ; il fait les mudras Abhaya et Varana ; il a pour monture un taureau. Sa shakti est Lakini, déesse de couleur bleu sombre, assise sur le lotus rouge et tenant à la main le vajra ou sceptre ainsi que la lance : elle adopte les mêmes mudras que Rudra.

Ce çakra régit la vue comme organe de sensation et l'anus comme organe d'action.

---

(1) *Essai d'un mystique moderne,* Dr H.S. Lewis, Éditions Rosicruciennes.

VIII.

« O, Père, Tu es dans mon cœur et nul ne Te peut connaître si ce n'est moi, Ton fils. »

Akhénaton.

LE CENTRE CARDIAQUE

Ce centre porte le nom de ANAHATA. Il est situé entre les omoplates légèrement à gauche de l'épine dorsale. Il est constitué de douze pétales et apparaît, à la vision intérieure, proche de la couleur jaune ou or incandescent. Il correspond au cœur central du soleil, donc à la source spirituelle de lumière et d'amour (1).

Avant d'aller plus loin, il semble intéressant de relever le fait suivant : la volonté divine est localisée dans le centre coronal, au-dessus de la tête et l'amour dans le centre cardiaque. Aussi certains étudiants ont-ils supposé que la voie mentale, nommée voie du Père, était la plus importante et la plus vitale pour l'homme du fait de la localisation. Ils ont en fait oublié que le centre coronal, bien qu'ayant le plus grand nombre de pétales, possède un cœur central composé, comme le centre cardiaque, de douze pétales, qui représente aussi un aspect de l'amour divin. Ceci prouve la vérité de la parole des sages, à savoir que notre système solaire est

(1) Ajoutons que les douze pétales correspondent également aux douze disciples du Christ.

un système qui s'exprime dans l'humanité par l'énergie de l'amour. Par conséquent, à certains égards, le centre cardiaque peut être considéré comme l'un des plus importants dans la vie d'un homme.

Ce centre touche non plus à la personnalité mais au principe spirituel de l'être. Il est mis en activité fonctionnelle après l'initiation intérieure et psychique connue sous le nom de « baptême mystique dans les eaux du fleuve ». Ce fleuve d'eau étant une référence non voilée aux remous incessants de la nature émotionnelle, allant d'un extrême à l'autre. Le contrôle de cette tendance innée signifie la purification du centre solaire et l'achèvement du processus dualiste (entre les paires d'opposés). Car il est vrai, comme le disent les maîtres orientaux, que « selon la manière dont un homme pense dans son cœur, tel il est ». Lorsque les désirs de possession sont transmués en désirs d' « être » le soi réel, la conscience prend le cœur comme point focal d'expression. Le centre du cœur s'en trouve vivifié et le disciple peut alors espérer découvrir le maître, et cela parce que celui-ci est aussi attiré par la lumière qui irradie du cœur du disciple et lui indique qu'un serviteur est prêt. A ce moment-là, un lien s'établit et, via l'âme, le maître peut sans risque et sans altération enseigner son disciple, celui-ci étant parvenu à l'harmonie recherchée en ayant fait fusionner en une seule force le cœur et l'âme. Lorsque la volonté intervient chez un disciple avancé dans l'intention d'épanouir le centre cardiaque, la tension imposée au cœur physique est excessive et des résultats graves peuvent en découler ; aussi est-il nécessaire que ce processus s'opère graduellement sans aucune tension.

Etant l'un des centres spirituels les plus importants du corps, c'est sur lui que seront établis les fondements d'un développement futur, et aucune école authentique ne fera appel aux autres centres avant que celui-ci n'ait reçu une certaine stimulation.

Le centre du cœur aura toutes les chances de se développer harmonieusement et sans danger si le néophyte, ou l'homme en général, vit en tenant compte surtout des intérêts de groupe, en cultivant le sens large de la fraternité et de la tolérance, en aimant collectivement, en cherchant constamment à servir le plan divin sans préoccupation de plaire, d'être apprécié ou récompensé. Cependant, avant que ceci ne soit parfaitement compris puis réalisé et que l'éveil du cœur n'ait commencé, il sera vain, voire dangereux, de rechercher les pouvoirs créateurs du centre laryngé. Un néophyte qui agirait ainsi subordonnerait ces pouvoirs à des ambitions purement personnelles. Lorsque le centre du cœur est épanoui, le travail altruiste et totalement désintéressé s'instaure et le disciple devient lui-même le cœur (avec ses qualités intrinsèques) de sa famille, de sa commune de sa ville, ou de sa nation, jusqu'au jour où cette conscience d'amour et de service incluera, comme un tout harmonieux, la terre et le système solaire tout entier.

Il me semble intéressant pour les étudiants d'avoir quelques précisions sur le développement du centre cardiaque depuis la grande race atlantéenne jusqu'à nos jours.

« Aux stades initiaux de développement de l'individu et de la race, le lotus cardiaque inversé et ses douze pétales sont orientés vers le bas, en direction du centre solaire. Depuis l'époque de l'Atlantide, ce dernier centre s'est retourné et ses pétales sont maintenant orientés vers le haut, en direction du centre cardiaque qui lui succède le long de la colonne vertébrale. Cette inversion est due aux énergies qui s'élèvent lentement du centre du plexus solaire et cherchent à s'échapper de la « prison des régions inférieures » au moyen d'un processus de transmutation.

En conséquence, le centre cardiaque commence à s'épanouir lentement et aussi à se retourner. L'inversion des « centres en lotus » résulte toujours d'une double action : la poussée par le dessous et l'attirance par le dessus.

L'inversion du lotus cardiaque et son épanouissement vers le haut sont dus aux facteurs suivants :

1. La puissance croissante de l'approche hiérarchique.
2. L'établissement rapide du contact avec l'âme.
3. La réaction du lotus cardiaque en voie d'épanouissement à l'attrait de l'ashram du maître.
4. La poussée vers le haut des énergies transmuées provenant d'en-dessous du diaphragme, via le plexus solaire, et répondant à l'attirance spirituelle.
5. Le fait que l'homme comprend de mieux en mieux la nature de l'amour. »

(*La guérison ésotérique* Alice A. Bailey.)

Pour les fervents d'astrologie, précisons que la stimulation du centre cardiaque est surtout réalisée par des énergies puissantes provenant des pléiades et passant par le système vénusien qui, réagissant d'une façon très mystérieuse sur l'âme humaine, engendrent une stimulation du centre du cœur.

LE THYMUS

Du grec : *Thumos* = loupe.

Le centre cardiaque est extériorisé physiquement par le thymus, un organe dont à l'heure actuelle les fonctions restent encore très mystérieuses. Dans le passé, il fut étudié en tant que glande et cela reste vrai puisqu'il possède une sécrétion interne. Cependant, on le considère de nos jours comme un organe lymphoïde central. La meilleure preuve en est qu'il n'est pas étudié en endocrinologie mais en hématologie (c'est-à-dire tout ce qui concerne le sang).

Le thymus est situé à la partie inférieure du cou et dans la cavité thoracique, en avant de la trachée et des gros vaisseaux du médiastin antérieur. Chez le nouveau-né, le thymus pèse environ cinq grammes et mesure cinq centimètres de long et un centimètre d'épaisseur. C'est un organe mou, de coloration blanc rosé.

Le thymus se compose de deux lobes latéraux unis sur la ligne médiane, sauf à leurs extrémités, et constitués de lobules. C'est un organe lymphoïde central qui de la naissance à la mort, devient adipeux mais conserve toujours quelques lobules fonctionnels. En fait, le tissu lymphoïde est diminué dans tout l'organisme. Il forme environ 1 % du poids du corps et est constitué de trois secteurs qui n'ont pas le même rôle physiologique. Ce sont :

— le secteur médullaire,
— les organes lymphoïdes centraux,
— les organes lymphoïdes périphériques.

Les organes lymphoïdes centraux, dont le thymus, jouent un grand rôle dans la maturation immunitaire dans les mois qui suivent la naissance. Les petits lymphocytes, originaires du thymus, assurent l'immunité cellulaire. Voyons ce qu'est exactement l'immunité : c'est la lutte de l'organisme contre l'agression biologique naturelle ou artificielle, sans préciser si les processus immunitaires sont favorables ou non à l'individu. L'immunité est elle-même la transposition biologique de l'évidence philosophique : « Tout être tend à persévérer dans son être. » (Spinoza.) Dans les phénomènes immunitaires,le « moi » reconnaît le « non-moi » et cherche à l'éliminer. Le « non-moi » biologique est ordinairement un agresseur naturel tel que virus, bactéries, champignons, protozoaires, ou une substance biologique introduite dans un être (par greffe, par transfusion, etc.). Le thymus participe à sa manière à ce travail d'immunité.

Dans un autre chapitre, nous avons remarqué que le centre solaire exprimait la vie sensorielle à travers les systèmes nerveux. Le thymus quand à lui est surtout en relation étroite avec la vie cellulaire et le sang. Cela est mis en évidence si l'on se souvient que le thymus est gouverné par les gémeaux, signe qui gouverne également les réactions fluidiques du système nerveux.

Nous avons dit que le thymus était en involution. Cet organe, au début de la vie tient en réserve les éléments vitaux qui seront nécessaires à la vie cellulaire de l'enfant pendant sa jeunesse. A mesure que celui-ci grandit et qu'il devient indépendant, le thymus décroît progressivement jusqu'au moment où cette fonction de fournisseur d'éléments sanguins est entreprise par la moëlle rouge des os. La décroissance du thymus a néanmoins une raison plus occulte décrite ci-dessous par le Dr H.S. Lewis :

« Cette glande a son fonctionnement le plus important pendant l'enfance. C'est le centre qui attire la corde d'argent de l'âme et amène dans le corps l'âme qui se tenait près de la mère, juste avant la naissance de l'enfant. Après l'entrée de l'âme dans le Corps et après que ce que l'on appelle mystiquement la corde d'argent soit entrée dans le petit corps de l'enfant, le thymus diminue peu à peu de taille. La corde d'argent vient en contact avec tous les centres psychiques, en particulier au fur et à mesure qu'on les développe. Par l'intermédiaire de cette corde, une liaison est toujours maintenue entre le corps et l'âme, entre le corps et le moi psychique ».

(*Essai d'un mystique moderne* — Dr H.S. Lewis).

Le thymus a également une relation avec la glande pinéale que l'on peut déceler en étudiant les fonctions du centre cardiaque et du centre coronal. Une autre relation existe entre ces deux centres et le centre coccygien de sorte que le thymus a aussi une influence particulière sur les fonctions sexuelles.

L'ablation du thymus pratiquée à la naissance chez une souris est responsable d'un « syndrome de rabougrissement » caractérisé par une cachexie, des troubles digestifs et des modifications des phanères, qui aboutissent à la mort de l'animal. Le développement normal du thymus vient d'un développement parallèle du sens de responsabilité, un sens qui ne s'acquiert que lorsqu'un homme n'est plus égocentrique et qu'il se tourne vers les autres, prenant sur lui de les aider et de les servir, en d'autres termes et plus synthétiquement lorsqu'il aura acquis la conscience de groupe.

Comme nous l'avons déjà décrit, lorsque les énergies du centre solaire viennent inonder le centre cardiaque, celui-ci finit par affecter fortement le nerf vague et en même temps le système nerveux automatique avec tous les troubles psychiques et psychologiques que l'on imagine. Le remède à ces maux sera découvert dans un avenir proche, lorsque la science, à l'égal des mystiques, portera son attention sur le développement du thymus après la puberté. Son activité normale régularisera le système nerveux sympathique, le sang et le nerf vague. Dans certaines écoles orientales, où se pratique le Kundalini-yoga et le Laya-yoga, un centre psychique très puissant est développé. Ce centre se trouve juste à côté du thymus et est quelquefois utilisé pour certaines expériences de très haute portée spirituelle et cela, du fait qu'il se trouve être en étroite relation avec le nerf vague.

A propos du nerf vague, rappelons que les hommes qui ne sont pas encore dirigés par les impulsions spirituelles de l'âme restent sous le contrôle du nerf vague, via le cerveau. C'est le long de ce nerf que les énergies entrées par le centre coronal sont distribuées au reste du corps.

Le nerf vague (ou pneumogastrique) est le dixième nerf crânien. Il prend naissance au niveau du bulbe puis descend dans le cou avec les carotides, puis passe par le thorax et se termine dans l'abdomen, en grande partie dans le plexus solaire et les viscères abddominaux. C'est un nerf des plus importants aussi bien au moment de la naissance que pendant la vie et qu'à

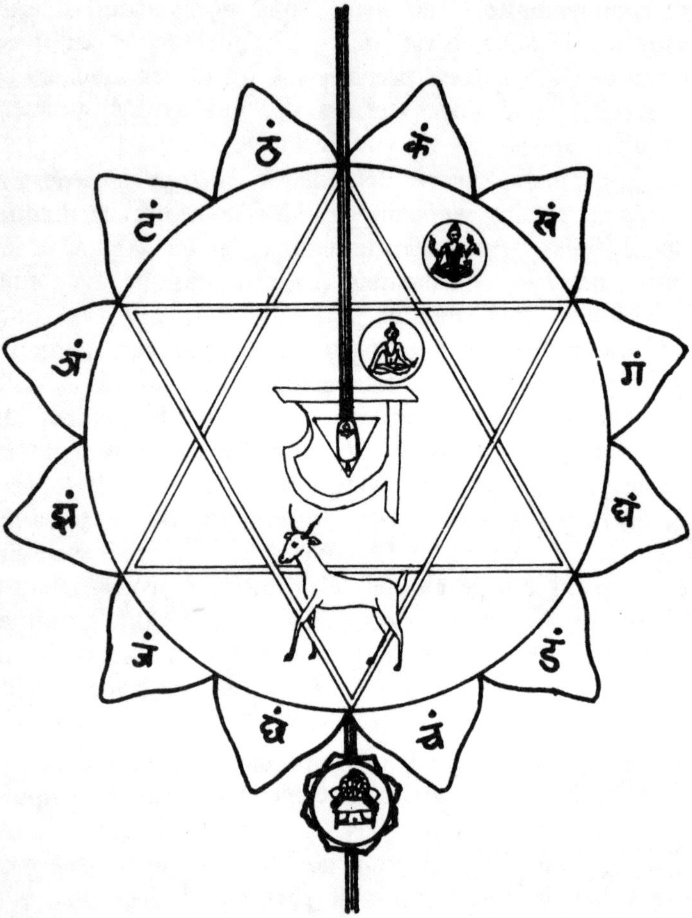

Anahata çakra

l'instant non moins négligeable de la transition. C'est sur lui qu'agissent les experts japonais d'art martiaux lorsqu'ils produisent une syncope chez un adversaire par le seul pouvoir d'un cri, le Ki-aï. Pour finir sur ce nerf qui a aussi d'étroites relations avec le thymus, mentionnons l'intéressante description donnée par la sagesse orientale :

« Deux centres puissants se trouvent en connexion avec le nerf vague, le centre cardiaque et le centre coccygien. Lorsque l'âme agit par le centre coronal (Brahmarandra) et affirme son emprise sur ces deux centres, ceux-ci provoquent l'élévation du feu de la Kundalini. Lorsque cette éventualité se produit, tout le système nerveux est entraîné dans une forme spéciale d'activité et de réaction rythmique. Ce phénomène s'accomplit sous le contrôle du nerf vague. Il n'est pas l'instrument qui élève le feu Kundalini, la situation est inverse. Lorsque les centres coronal, cardiaque et coccygien sont en rapport dynamique et magnétique, et produisent un effet irradiant, ils agissent sur le nerf vague.

Les feux du corps sont alors unifiés et élevés. Il en résulte une purification et ''l'ouverture de toutes les portes''. » *(La guérison ésotérique A.A. Bailey.)*

De même, lorsque la transition est sur le point de s'accomplir, l'atome germe du cœur où sont enregistrées toutes les expériences de la vie monte par le nerf vague et s'échappe par la fontanelle éthérique. Ainsi la vie cesse pour le corps et la forme se désagrège.

ANAHATA ÇAKRA

Anahata est localisé dans la région du cœur. C'est un lotus de couleur noire comportant douze pétales de couleur rouge vermillon et portant les lettres Ka, Kha, Ga, Gha, Nga, Chha, Ja, Jha, Nya, Ta, Tha, Cha. A l'intérieur, se trouvent deux triangles entrelacés de couleur gris fumé renfermant un troisième triangle renversé « brillant comme dix millions d'éclairs » et contenant un Bana-Linga au sommet duquel se trouve une demi-lune jointe à un bindu. Dans le mandala, ce çakra prend la forme du cercle et est associé à l'air, symbolisé par une antilope noire renommée pour sa rapidité. Son bija mantra est « Yam ». Sa divinité tutélaire est Isa aux trois yeux, le seigneur de la compassion paré de bijoux et vêtu d'un vêtement de lin blanc. Sa shakti est Kakini, de couleur jaune, assise sur un lotus rouge et tenant à la main le nœud et le crâne : elle exécute les mudras Abhaya et Varada ; elle est vêtue de noir et semble ivre de compassion.

Anahata régit l'ouïe comme organe de sensation et la bouche comme organe d'action. Au-dessous de ce çakra s'en trouve un autre, plus petit, formé de huit pétales rouges : c'est en lui que le méditant visualise sa divinité d'élection.

LE CŒUR

Nous avons mentionné le centre psychique du cœur, le centre cardiaque, ainsi que son extériorisation physique, le thymus. Il est donc utile de donner quelques idées concernant le muscle cardiaque, celui qui par ses contractions et dilatations envoit le sang dans tout l'organisme. Certes, le cœur physique n'est pas un centre psychique, néanmoins il a une activité spirituelle très élevée.

Le cœur est un point vital essentiel, car il est, nous le savons tous, le centre de la vie. C'est lui qui a pour mission de faire circuler le sang dans toutes les plus subtiles parties de l'enveloppe physique. C'est dans ce sang que se déverse la puissance de l'énergie vitale positive (connue sous le nom de Noüs par les Rosicruciens). Cette vitalité provient du corps éthérique en passant par un ou plusieurs des sept types particuliers de force, colorant ainsi le sang de la qualité des glandes endocrines qui leur sont associées.

Par la perfection de nos pensées et le sacrifice librement consenti de nos tendances inférieures, le sang s'auréole de vitalité magnétique et les centres psychiques se trouvent purifiés et activés. C'est dans ce sens qu'il faut interpréter les paroles du Christ-Jésus à ses disciples : « Buvez, car ceci est mon sang », cet acte symbolisant sa présence réelle au sein de la liqueur de vie.

Tout cela nous remet en mémoire la divine loi triadique dont les correspondances nous font mieux entrevoir la fonction particulière du cœur, la demeure de « Christos » :

— La tête que nous étudierons à la fin et qui correspond au Père dans les cieux. C'est la monade, l'étincelle divine ou encore le lieu de dessein.
— Le cœur qui correspond au Fils, le Christ, le principe de la raison pure, de l'intuition et de l'amour.
— le centre où réside la Mère et où descend le Saint—Esprit adombrant, dans la chaleur des vertèbres sacrées.

Ceci se rapporte à la personnalité en cours d'évolution.

Le cœur est donc le lieu où devra apparaître le maître réel et à un certain moment la « Conscience Christique ».

Les troubles actuels qui affectent l'homme ont bien entendu des causes nombreuses et diverses. Cependant, l'une des plus importantes reste le fait d'une désharmonie entre le cœur et le mental. Bien souvent, le cœur nous pousse à pardonner et c'est lui qui souvent et avec spontanéité se penche affectueusement sur la souffrance d'un frère en détresse. Trop souvent cependant, la raison réagit, juge avec orgueil, critique sans tolérance et finalement va à l'encontre de l'impulsion divine d'un cœur libéré d'égoïsme. Comme nous l'avons vu, le cœur est l'intermédiaire entre le dessein incompréhensible du Père et la personnalité ; il se place donc dans le corps entre les opposés, la tête et le ventre. Si nous plaçons ce concept au niveau de l'humanité, nous avons la même analogie : d'une part un lieu où le dessein de Dieu est connu, que les chrétiens nomment le Royaume des Cieux et les orientaux Shambhala, lieu de résidence du Père, d'autre part l'humanité où vivent les hommes. Entre ces deux centres planétaires, nous trouvons un troisième centre, celui de la Hiérarchie des maîtres ayant pour chef le Christ lui-même et dont la mission est identique à celle du moi réel dans l'homme : comprendre la volonté divine du Père et la rendre accessible aux hommes et aux femmes de bonne volonté. C'est donc dans le cœur et le sang que va s'opérer la grande alchimie spirituelle qui cependant sera glorifiée dans les centres de la tête.

Ceci dit, revenons à l'aspect triadique de l'être et essayons de mieux cerner un autre aspect des nombreuses fonctions du cœur : celui qui est en rapport avec la corde d'argent, ce lien lumineux qui attache l'âme à son enveloppe physique au moment de la naissance. Cette corde d'argent est triple et est ancrée dans le corps à trois endroits précis :

— Un fil de ce triple cordon est attaché au cerveau. C'est lui qui exprime l'aspect conscience du Père. L'attache du cordon a lieu aux alentours de la glande pinéale.
— Le second fil est attaché dans le ventricule gauche du cœur exprimant ici l'aspect vie du Fils et permettant de cette façon le maintien de l'attraction entre le corps et l'esprit.
— Le troisième fil qui, lui, est attaché dans le centre coccygien, manifestant l'aspect de la forme physique.

Nous voyons donc que le cœur, là encore, est l'intermédiaire indispensable pour que la vie et plus tard la conscience puisse se manifester.

Le cœur touche également de très près le problème de la transition, l'opposé de la vie (sur le plan physique du moins !...). L'ancien Testament nous dit que « le sang, c'est la vie » et, par une étrange coïncidence, il semble que par ce même sang s'opère le retrait de la vie du corps qu'elle anime pendant une période précise. En effet, lorsque l'âme a sonné l'heure de la transition, tout le système glandulaire se met en action et injecte dans le sang une substance hormonale encore inconnue dont la mission similaire à celle d'un poison sera de provoquer selon les circonstances karmiques le décès du sujet. Cette substance va permettre par l'intermédiaire de la lymphe entourant le cœur d'en détacher le fil de vie et d'arrêter les pulsations cardiaques.

Le cœur est aussi le porteur d'un petit atome particulier (1) qui, à l'encontre de tous les autres, sera maintenu en vie pour se réincarner dans une nouvelle expression corporelle. Cet atome de lumière est un véritable récepteur de toutes les images de la vie. C'est en lui que sont enregistrées toutes les expériences de la vie objective, formant de cette façon le grand dépôt de la mémoire inconsciente. Ainsi s'explique le phénomène des cliché de la vie que l'on revoit passer dans sa mémoire juste avant que la transition n'ait atteint son terme. Ces cas sont bien trop connus pour que nous donnions des exemples. Par ce qui vient d'être dit on comprendra mieux pourquoi la lecture ou la connaissance des archives akashiques est en étroit rappport avec le cœur.

---

(1) Cet atome se trouve sur le plan physique au niveau du nœud sino-auriculaire qui, et cela est important, reçoit les fibres du nerf vague.

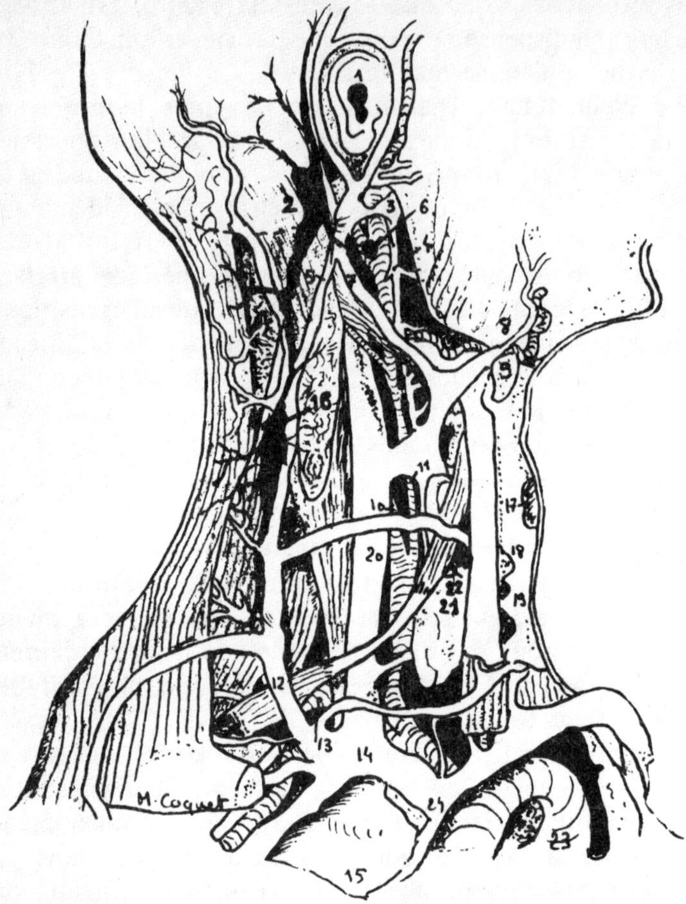

1. Trou auditif
2. Ganglion cervical supérieur
3. Vaisseaux maxillaires internes
4. Carotide externe
5. Jugulaire externe
6. Sinus carotidien
7. Veine communicante intraparotidienne
8. Epiglote
9. Os hyoïde
10. Artère carotide interne
11. Artère carotide externe
12. Veine jugulaire externe
13. Artère sous-clavière
14. Tronc bronchio-céphalique veineux
15. Première côte
16. Ganglion cervical moyen
17. Cartilage thyroïde
18. Cartilage cricoïde
19. Trachée
20. Veine jugulaire interne
21. Thyroïde
22. Parathyroïde
23. Aorte
24. Veine cave supérieure

Le cou est, chez l'homme, une partie extrêmement importante et vitale, non seulement parce qu'il est un intermédiaire entre la tête et la poitrine, mais également en raison des centres vitaux qui s'y trouvent, notamment les ganglions sympathiques supérieurs et moyens, la glande thyroïde, les parathyroïdes, et le sinus carotidien.

IX.

« Avant que la voix puisse parler en présence des Maîtres, elle doit avoir perdu le pouvoir de blesser. »

La Lumière sur le Sentier.

LE CENTRE LARYNGÉ

Le centre laryngé, en sanskrit VISHUDDHA, est situé à la base de la gorge dans le Sushumna Nadi, à l'arrière du cou. Il s'étend en hauteur jusqu'à la moëlle allongée, englobe la glande carotide et descend en direction des omoplates. Ce centre a seize pétales de couleur bleu-argent, mais avec une nette dominance de bleu.

Tout comme le centre frontal (Ajna), la glande thyroïde affecte un grand nombre d'habitudes tant mentales que physiques. Ordinairement, l'instinct protégeant les habitudes, la vie de l'organisme, se trouve sous le contrôle du plexus solaire, et l'intellect sous le contrôle du mental et du cerveau, bien qu'opérant à travers le centre de la gorge et celui du front.

Nous verrons plus loin que le centre de la tête représente la conscience mentale, le centre cardiaque la conscience de la sensibilité, et le centre laryngé la conscience créatrice (aspect le plus important dans les fonctions de ce centre).

Lorsqu'un homme exprime la vérité en pensée, en parole et en action, il le fait à travers le centre de la gorge. Lorsque, comme le figuier de l'allégorie biblique, il reste stérile et incapable de porter des fruits, ou en d'autres termes d'exprimer cette vérité, les causes doivent avant tout être recherchées dans la relation du centre sacré avec le centre laryngé. Lorsque cette harmonie est inexistante, on dit qu'il se produit une friction ; on ne peut donc réellement exprimer le « vrai » sous toutes ses formes que si les forces du centre créateur ou sacré ont été élevées jusqu'au centre lui aussi créateur de la gorge. Alors, dit l'axiome occulte, « la "parole" qui est essentiellement l'homme "sera faite chair" et on verra enfin, sur le plan physique, une véritable expression de l'âme ».

Nous étudierons dans le prochain chapitre ce qui a trait aux fonctions de la glande pituitaire et surtout de l'importance qu'elle a sur le développement et l'expression sexuelle. Signalons tout de même, car cela entre dans la même catégorie, que la tendance actuelle à l'homosexualité tant féminine que masculine n'est nullement due, comme beaucoup s'empressent de le dire, au fait que la race est en train de redevenir ce qu'elle était à l'origine, à savoir androgyne, mais en règle générale, à une séquelle héréditaire dont l'origine profonde remonte à un lointain passé. Cette réminiscence génétique influe de nos jours sur ceux qui dans le passé avaient déjà succombé à cette anormale prédisposition. A cette époque, l'homosexualité était relativement naturelle puisque, pour la plupart des humains, les forces de l'âme étaient descendues dans leur conscience dans le but d' « affirmer » la nature du « je » et influençaient donc surtout le processus d'individualisation. En conséquence de quoi la stimulation touchait essentiellement les centres inférieurs. En raison de certains cycles particuliers, cette même tendance resurgit dans les consciences par le biais d'un équipement endocrinien déficient. Cela ne signifie pas qu'il faille adopter une attitude passive et fataliste (même chose pour les autres faiblesses de notre personnalité), il convient au contraire de faire preuve de sage discernement pour découvrir la cause de cette influence et y remédier en choisissant librement de suivre un traitement de nature physique ou psychologique, bien que le meilleur remède dans ce cas soit de développer l'intuition spirituelle par la mise en activité des deux centres supérieurs. Dès lors, le dessein de l'âme se laisse mieux entrevoir et de plus justes motivations permettent de réaliser ce transfert de l'impulsion sexuelle ou de l'attraction anormale vers le centre laryngé, qui devient de ce fait un véritable créateur au sens le plus élevé, car il utilise cette énergie disponible à bon escient, à des fins plus justes, plus constructives et surtout en plus grande harmonie avec les lois naturelles et divines.

Il faudra cependant être très prudent car, dans tous les cas extrêmes, le centre laryngé peut être à l'origine de crises difficiles à surmonter. Par exemple, dans le cas où l'énergie créatrice sexuelle est inhibée ou refoulée (et cela est fréquent de nos jours surtout pour les citadins), l'énergie se concentre anormalement puis finit par s'élever pour s'écouler lentement dans la glande thyroïde. Si cette dernière n'est pas utilisée à des fins de création dans le domaine artistique, musical ou littéraire, la thyroïde et le centre laryngé vont être temporairement hyper-activés et engendreront une vie active et souvent incontrolée au niveau des nerfs et du caractère. On remarquera également l'apparition de goitres et de troubles de la thyroïde allant même jusqu'au cancer de la gorge.

La critique, la haine et la tendance à se juger les uns les autres sont d'autres causes de maladie de la gorge et d'empoisonnement du sang, donc d'un dérèglement de tout l'organisme. En effet, toutes ces attitudes négatives partent, lorsqu'elles sont manifestées, du centre de la gorge vers le centre solaire et ces deux centres se renvoient diverses qualités d'énergie pour la plupart totalement indésirables puisque émanant des centres inférieurs.

Chez l'initié, l'énergie sexuelle créatrice est conservée,

ce qui ne signifie pas qu'un tel homme soit obligé d'observer le célibat. De nos jours beaucoup d'adeptes sont mariés ; néanmoins, ils respectent certaines règles cycliques... L'acte sexuel sera un don de soi à l'autre et cela selon les plus hautes aspirations que l'âme puisse suggérer, enfin et surtout il aura pour but la création d'un corps afin de permettre à une âme de s'incarner. En dehors de ces exceptions, l'énergie ainsi conservée pourra être utilisée sur le plan mental et devenir créatrice sur ce même plan, par l'emploi de la parole et des sons. C'est pourquoi, à l'égal de son dieu intérieur, qui est un avec Dieu, l'initié devient à son tour un créateur d'idées originales et nouvelles pour son prochain. Cela se réalise par la continence, la pureté de la vie et de la pensée et non pas par quelque travestissement de la vérité occulte telle que la magie sexuelle et les déviations à base de tantrisme (qui eut sa nécessaire application voilà des milliers d'années, mais ne l'a plus), et toutes les énormités que constituent des perversions sexuelles qui sont surtout le fait de malades ou d'auteurs ignorants.

LA GLANDE THYROÏDE

Du grec : *Thuroeidês* signifiant « qui a la forme d'un bouclier ».

La glande thyroïde est la plus volumineuse de toutes les glandes endocrines. Elle est située à la face antérieure du cou, devant la trachée (à laquelle elle est intimement unie). Elle la fait mouvoir lors des mouvements de déglutition. A l'état normal, le corps thyroïde pèse 25 à 30 grammes et est à peine perceptible à la palpation. Les corps thyroïdes dont le volume a augmenté, ou goitres, sont toujours palpables ; quand ils sont très volumineux, ils déforment la base du cou et sont évidents dès l'inspection. On dit que la thyroïde a la même origine tissulaire et provient presque de la même zone que le lobe antérieur de l'hypophyse. On considère de nos jours, et à juste titre, que la thyroïde est indispensable dans le maintien d'une parfaite santé. C'est d'ailleurs là l'une de ses plus importantes fonctions : équilibrer les différents composants du corps physique.

Etant en contact avec le corps terrestre ou aspect de la forme, la thyroïde a naturellement une relation avec le troisième aspect de la Trinité, celui de l'intelligence et de la substance. Occultement, elle est donc reliée au Saint-Esprit ; nous avons déjà brièvement abordé le sujet en étudiant le centre psychique laryngé.

Il est courant de dire que dans les formes primitives de la vie, la thyroïde était une glande sexuelle appelée quelquefois le « troisième ovaire » et cela est confirmé par les plus authentiques traditions qui nous dévoilent que dans les premières périodes de l'époque dite lémurienne, le corps humain commença à se déplacer verticalement et, de cette façon, l'âme commença à exercer sur lui un certain contrôle. C'est à partir de ce moment nous dit-on que commencèrent à se former en lui un larynx et un cerveau. Cela fut réalisé grâce à la force créatrice sexuelle qui fut séparée en deux parties, l'une resta dans sa fonction originelle, c'est-à-dire créatrice d'autres formes terrestres, alors que l'autre partie fut utilisée à la construction du cerveau, des organes de perception et des fonctions laryngées. Le cerveau, grâce aux expériences que lui procurèrent ses cinq sens, devint au cours des siècles l'organe du libre arbitre et de l'intelligence. Cela néanmoins ne put être réalisé qu'après le développement normal du centre de la gorge et de la glande thyroïde, qui est indispensable chez l'homme au développement et à l'évolution d'une conscience supérieure. C'est pour cette raison que dans le cas de mauvais fonctionnement de la thyroïde on constate une paresse mentale et intellectuelle allant de l'hébétude jusqu'à l'idiotie.

De nos jours et en rapport avec l'ère du Verseau, des énergies cosmiques d'une qualité particulière descendent sur notre humanité et mettent en activité d'une façon précise le centre de la gorge, d'où l'actuel et intense développement de cette glande, avec pour conséquence la croissance du mental et de l'intellect. L'homme, de cette façon, et appelé à devenir un véritable créateur, non plus sur l'unique plan physique, mais également sur celui des idées et des concepts, préparant le monde à un nouveau cycle de vie spirituelle. La thyroïde a donc une action fondamentale autant au niveau du psychisme et du mental qu'au niveau du corps physique. Voici un exemple de son importance dans la croissance du corps :

« Chez les têtards, l'ablation de la glande empêche la métamorphose de se produire. Les animaux opérés continuent de grandir, mais conservent la forme larvaire. A l'inverse, l'administation de thyroïde fraîche, d'extraits thyroïdiens ou de thyroxine à des têtards déclenche la métamorphose de façon prématurée, mais les grenouilles parvenues à leur plein développement sont de taille inférieure à la normale. » (*Les glandes endocrines* de Jacques Decourt — « Collection Que Sais-je ? ».)

Etant donné que l'action de la glande pituitaire sur le corps physique intervient un peu plus tardivement que celle de la glande thyroïde, le nanisme provoqué par le défaut d'hormones thyroïdiennes sera plus sévère puisqu'il agit dès la plus tendre enfance. On gardera à l'esprit, au cours des études sur la glande thyroïde, que dans la genèse de l'homme, au tout début de la création, l'un des éléments les plus importants qui intervenaient dans la construction de sa charpente était le fer (métal martien), qui fut en partie responsable de la création du sang rouge et chaud. Voici également d'autres éléments qu'il ne faut pas omettre tant leurs rapports avec la thyroïde est intéressant et révélateur : il s'agit de l'eau et du sel. Signalons à ce propos le fait extraordinaire que c'est la thyroïde qui maintient dans le sang la même proportion d'iode que celle se trouvant dans la mer, c'est-à-dire une goutte d'iode environ pour cent litres de sang (ou d'eau de mer). La glande thyroïde agit donc principalement sur la croissance des tissus internes et externes du corps, sur l'édification des nerfs et des tissus du cerveau.

Les syndromes dits thyroïdiens sont en réalité neuro-hypophyso-thyroïdiens. Une hormone hypophysaire, la thyréostimuline, joue en effet une rôle capital dans le fonctionnement de la thyroïde, puisque sans elle, la sécrétion thyroïdienne s'arrête. Cette sécrétion dont l'hormone est assimilée à la thyroxine (la thyroxine, l'hormone de la thyroïde, possède dans sa structure chimique, quatre atomes d'iode et ses sécrétions contrôlent tout le rythme de la vie), est nécessaire à la croissance. Les hormones thyroïdiennes ont une action sur la croissance des os longs ainsi que sur les différents métabolismes en les augmentant (métabolisme général ou de base, azoté, glycénique, lipidique). En outre, elles agissent sur le rythme et le débit cardiaque, le système nerveux, les muscles, la peau, la thermorégulation, la résistance aux différentes agressions, l'érythropoièse et les phanères.

L'action sur les fonctions psychiques est également nette et on note des difficultés d'intégration intellectuelle et des réponses émotionnelles anormales chez les sujets hypothyroïdiens.

Le bon fonctionnement de la thyroïde est sous la dépendance du taux d'iode dans l'organisme. Si celui-ci vient à manquer, les vésicules thyroïdiennes se vident de leur colloïde, puis une hyperplasie glandulaire apparaît, suivie d'un goitre. Ce phénomène s'observe plus particulièrement chez les habitants des régions montagneuses éloignées des sources d'aliments iodés, exemple que l'on observa très longtemps en Suisse.

La thyroïde est également l'organe de l'émotion du

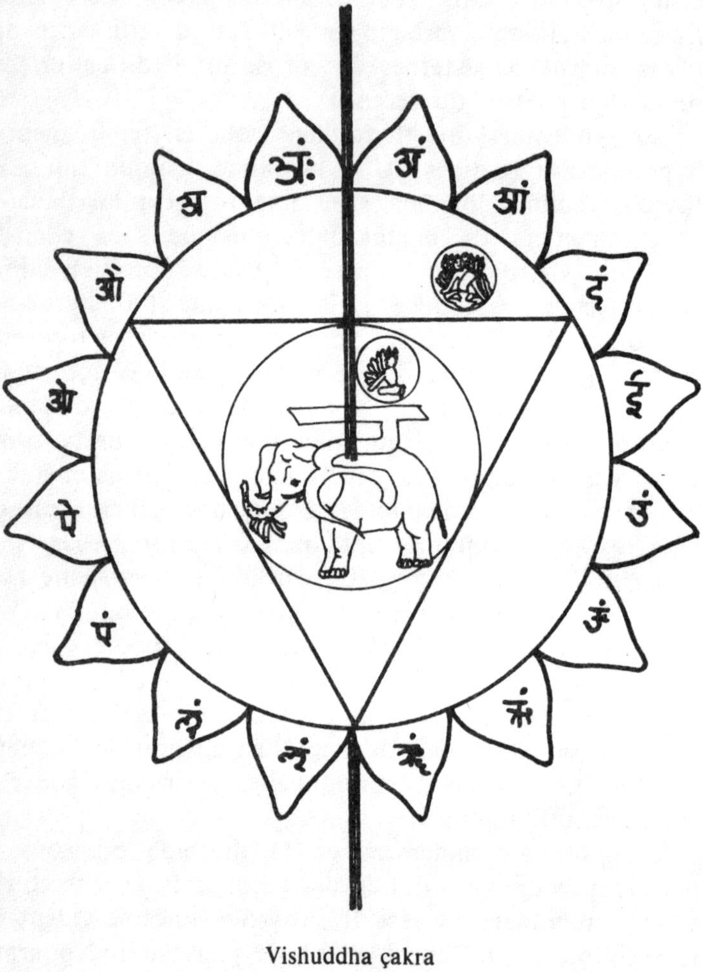

Vishuddha çakra

fait que la force motrice des glandes surrénales tire sa puissance du fer thyroïdien. Aussi est-il urgent de cultiver le détachement, le calme intérieur et un sentiment de paix profonde qui sont des éléments de première importance afin que la glande thyroïde puisse se développer harmonieusement.

Pour finir, je citerai un texte du Dr H.S. Lewis concernant certaines qualités de la thyroïde, spécialement dans ses rapports avec la nature psychique de l'homme, qui ne manquera pas d'intérêt surtout si on cherche à établir des correspondances avec le centre laryngé :

« Psychiquement la glande thyroïde agit comme une sorte de contrôle rapide dans l'échange des impressions objectives et subconscientes. Elle n'est pas l'endroit où ces impressions changent réellement de plan, de l'objectif au subconscient, ou vice et versa, mais c'est la rapidité avec laquelle a lieu ce changement qui est contrôlé par cette glande. » (*Essai d'un mystique moderne,* — H.S. Lewis.)

VISHUDDHA ÇAKRA

Vishuddha est situé à la jonction de l'épine dorsale et de la moëlle épinière allongée, juste derrière la gorge. C'est un lotus transparent possédant seize pétales de couleur gris fumé auxquels sont associées les seize lettres suivantes : A, A, I, I, U, U, R, Ri, Iri, Iri, E, Ai, O, Au, Am, Ah. A l'intérieur se trouve un cercle blanc autour d'un triangle porteur du bija mantra « Ham ». Il représente l'élément espace, l'akasha ; il est symbolisé sous la forme d'un cercle blanc. Sa divinité tutélaire est Sadasiva (l'éternel Siva) sous son aspect d'Ardhanarisvar (androgyne) composé d'une moitié masculine de couleur blanc-argenté et d'une moitié féminine de couleur jaune-or. Sadasiva a cinq visages et dix bras, chacun pouvu d'un attribut symbolique ; il est assis sur un siège royal placé sur un taureau ; il est ceint d'une peau de tigre et paré d'une guirlande de serpents et d'une demi-lune pour diadème. Sa Shakti est Sakini, blanche et assise sur un lotus rouge ; elle porte comme attributs l'arc et la flèche, le nœud et l'aiguillon ; elle possède aussi cinq visages et est en état d'ivresse mystique.

Vishuddha contrôle le sens de l'ouïe.

LES GLANDES PARATHYROÏDES

Les parathyroïdes sont quatre petites glandes de la taille d'une lentille situées à la face postérieure du corps thyroïdien sur lequel elles s'appliquent étroitement. L'hormone parathyroïdienne ou parathormone a pour rôle d'élever le taux du calcium sanguin aux dépens du calcium contenu dans le squelette.

Les parathyroïdes semblent avoir pour fonction essentielle le contrôle du métabolisme du calcium ou des sels calcaires de l'organisme. Elles sont d'une importance capitale pour l'équilibre du système nerveux et pour le contrôle des muscles. L'hyper-fonctionnement des parathyroïdes a pour conséquence une hypocalcémie qui entraîne une hyper-excitabilité neuro-musculaire qui se traduit par des crises de tétanie. (De nos jours, bien des praticiens considèrent que les crises de tétanie sont à distinguer de l'épilepsie et cœxistent avec la tendance à l'anxiété dans certains états névrotiques tels que la névrose d'angoisse.)

De même que la glande pituitaire est séparée en deux lobes lui permettant d'exprimer deux polarités complémentaires, de même les parathyroïdes, étroitement associées à la pituitaire, ont pour mission d'établir l'harmonie avec les forces cosmiques. Grâce à elles, l'aura de l'homme est accordée aux vibrations spirituelles de l'âme et un véritable équilibre s'instaure entre le système nerveux cérébro-spinal et le système grand sympathique.

Comme nous pouvons facilement le deviner, il existe une relation très intime entre le corps thyroïdien et les parathyroïdes. Malheureusement, bien peu d'informations précises ont transpiré à travers les archives occultes du passé. La citation qui va suivre aura donc une grande valeur mystique qu'il appartiendra à chacun d'étudier très attentivement pour en extraire toute la substance dans le but de rendre visible les liens qui unissent ces glandes à toutes les autres.

« Elle (la thyroïde) symbolise le troisième aspect, intelligence et substance imprégnée de pensée. En réalité, elle est reliée au Saint-Esprit, ou troisième aspect divin en cours de manifestation et, comme dit la Bible « couvrant de son ombre » la Mère, la Vierge Marie. Les parathyroïdes symbolisent Marie et Joseph et leur relation avec le Saint-Esprit qui les surpasse en éclat. En fin de compte, on découvrira une relation étroite et précise entre la glande thyroïde et la glande pituitaire, ainsi qu'entre les parathyroïdes et les deux lobes du corps pituitaire. On réunira ainsi en un seul système composite la totalité des zones de la gorge et de la tête. » *(La Guérison Esotérique* d'Alice A. Bailey.)

LE CENTRE ALTA-MAJOR

Le centre céphalique Alta-Major est extériorisé physiquement par la glande carotide, glande qui semble pouvoir être identifiable à la moëlle allongée se trouvant dans le bulbe rachidien et placée très exactement au sommet de la « medulla oblongata ».

Peu de choses peuvent être dites sur ce centre qui n'est actif que chez les hauts initiés et les adeptes de la sagesse. Chez les êtres avancés, le cerveau est devenu un transmetteur et un récepteur parfait de l'énergie de la vie elle-même. A cet effet, le cerveau utilise la glande carotide gouvernée par le centre psychique Alta-Major, établissant ainsi une très étroite relation avec le cœur et le centre du cœur. La glande carotide, la glande pituitaire et la glande pinéale conditionnent tout particulièrement la substance cervicale. Ce triangle est entièrement relié chez l'adepte. Par contre, la glande thyroïde remplace la carotide chez le disciple, ce qui affecte surtout le développement de l'intellect et donc de la matière mentale. Cependant lorsque le cerveau est utilisé comme transmetteur de l'énergie de vie, c'est la glande carotide gouvernée par l'Alta-Major qui est concernée, et lorsqu'il devient récepteur de l'énergie mentale c'est le centre Ajna qui devient le principal agent.

La tradition orientale indique que lorsqu'un homme est devenu un adepte, qu'il a unifié et purifié sa personnalité et qu'une certaine unité existe entre cette personnalité et l'âme, alors seulement il lui est possible d'agir sur l'énergie propre à éveiller le feu kundalini qui sommeille dans les profondeurs des vertèbres sacrées. Ainsi l'énergie projetée vers le bas doit passer par l'Alta-Major, descendre le long de la moëlle épinière et s'unir aux deux autres courants en attente. La remontée unifiée de ces trois forces déterminera alors l'ouverture et l'activité de tous les centres. Nous avons donc trois courants reliés à trois centres de cette façon : le canal central relié au centre coronal et les deux autres canaux reliés, l'un à l'Ajna, l'autre à l'Alta-Major.

X.

> « La lampe du corps, c'est l'œil. Si donc ton œil est sain, ton corps tout entier sera dans la lumière. Mais si ton œil est malade, ton corps tout entier sera dans les ténèbres. »
>
> Matthieu VI, 22.

LE CENTRE FRONTAL

Le centre frontal, appelé AJNA en sanscrit, se trouve localisé à la racine du nez entre les deux yeux. On lui donne aussi le nom de « lotus médullaire ». Il possède, selon les textes sacrés, quatre-vingt seize pétales (48 + 48 = 96) que les clairvoyants perçoivent sous la forme de deux pétales s'étalant comme deux ailes, à gauche et à droite, et qui furent symbolisés par les deux ailes de la colombe blanche ou celles du caducée d'Hermès ; elles peuvent aussi représenter les deux branches de la croix chrétienne, ou encore le sentier de gauche et le sentier de droite des initiés. Lorsque les deux pétales vibrent, cela signifie qu'un travail d'unification s'établit entre l'âme et le corps, entre le subjectif et l'objectif. Le clairvoyant les perçoit ainsi : une partie rose et jaune, l'autre plutôt bleue et pourpre.

Il existe une intéressante relation de forme entre les deux lobes de la glande pituitaire, dont la fonction, spécialement liée au mental et aux systèmes nerveux, est foncièrement double.

Nous avons déjà évoqué le centre coccygien qui porte quelquefois le nom de Mère du Monde, symbole de l'énergie primordiale existant à la base de toute création. Dans la genèse, cette énergie (appelée le premier grand déluge) est comparée à la terre noyée sous les eaux, terre stérile car non encore fécondée par les rayons solaires. Il en est de même pour le disciple qui reste dans l'obscurité tant que sa conscience (et les énergies) n'a pas été transmuée des centres inférieurs vers les centres supérieurs. En d'autres termes, il faut que la force des cinq centres que nous avons étudiés fusionne dans le centre frontal, lequel prend alors le nom de Mère. En effet, il représente alors la personnalité intégrée et prête à s'unir au principe divin (Shiva). Esotériquement, il représente la Mère, non plus stérile et cachée sous le voile de Maya (illusion de la forme), mais pleinement glorifiée et en phase de s'unir au Père (le centre coronal). Ceci explique très bien la sage parole des anciens : « Que la Mère connaisse le Père. »

Il ne faut pas perdre de vue que lorsque nous parlons du centre frontal, nous nous adressons à sa principale fonction, celle qui concerne le développement dans l'homme d'une véritable personnalité, c'est-à-dire l'entité subjective et subconsciente également appelée l'être intérieur, qui est le résultat des incarnations antérieures et des milliers d'expériences. Tant qu'un homme n'a pas développé sa propre personnalité, il cherche à prendre celle des autres, ainsi que leurs pensées, leurs idéaux et même leur apparence. Un tel être est influencé par la publicité, le cinéma, la lecture, la foule, la mode, bref par tous les mouvements lui donnant une occasion d'expérimenter la vie et ses apparences phénoménales. Les personnes, nombreuses de nos jours, qui se donnent une apparence (culture, art de bien parler, de s'habiller; etc.) agissent en essayant de se comporter comme ceux qui ont une véritable personnalité. De là sont nés le culte, l'idolâtrie, ou simplement la recherche d'un maître, qui caractérisent un individu dont le centre frontal n'est pas, ou peu, actif.

Un peu plus tard, un tel homme finira par développer et agir par les deux centres cardiaque et laryngé, et acquerra alors son intelligence. Cela lui permettra de devenir l'observateur de ce qui se passe autour de lui. Néanmoins, les réactions seront encore mues par l'intérêt personnel. Lorsque le centre frontal commence à prendre en main la personnalité, on remarque des changements très importants au niveau des conceptions de l'individu : il abandonne alors dévotion et mysticisme excessifs ainsi que les formes rigoureuses de discipline ascétique. Tout cela fait place à une plus juste vision du service et de sa position au sein de la famille humaine. Il prend alors conscience de façon intuitive des valeurs et des mirages que lui confère le centre frontal. Il apprend à les utiliser aux besoins de la race de façon parfaitement altruiste, si le centre du cœur fonctionne normalement. On peut dire qu'à ce moment là tous les centres inférieurs (jusqu'au centre solaire) deviennent soumis à sa volonté illuminée, ou bien à son ambition du moment. (La recherche ambitieuse des pouvoirs, qu'elle soit motivée par un but personnel ou non, vient de l'action réciproque de centre frontal et du centre de la gorge.)

Nous avons déjà vu que le nombre des pétales du centre coccygien ajouté à celui de la gorge donne le nombre quarante-huit. Si nous additionnons les deux pétales majeurs du centre frontal (dont le but est d'être un centre de fusion), nous obtenons le chiffre cinquante qui est le nombre de la personnalité parfaite ; sa syllabe sacrée est d'ailleurs OM, la voyelle de la fusion et de l'union.

On peut donc considérer qu'un homme dont le caractère est toujours identique à lui-même, c'est-à-dire calme, souple, serein, sympathique, dont l'humeur est toujours égale et la personnalité attirante, imposante et magnétique, est sans aucun doute un homme qui agit et réagit correctement par son centre frontal.

Les premiers signes d'activité du centre frontal commencent lors de la seconde initiation chrétienne appelée le « Baptême », et il atteint son plein épanouissement au moment de la « Transfiguration ». Le centre frontal, lorsqu'il se développe, entraîne, comme nous l'avons fait remarquer pour le cœur, des adaptations nouvelles qui amènent tout naturellement des troubles dans les organes correspondants ; c'est-à-dire troubles de la glande pituitaire et de ses fonctions physiques et psychologiques, maux de tête, troubles des oreilles, désordres nerveux, et troubles oculaires également. N'oublions pas en effet que le centre Ajna est le centre de la vision interne ou de la clairvoyance ; il est aussi le siège de la lumière donnant ce qui est appelé « l'illumination ». Le cerveau et surtout la partie frontale peuvent donc être dans certains cas troublés ou malades à cause de l'hyper-activité du centre Ajna.

Précisons une autre grande difficulté que le disciple doit surmonter : la sensibilisation du cerveau à autre chose qu'à l'accumulation de données intellectuelles (l'intellect représente la soi-conscience intelligente dirigeant la personnalité intégrée et équilibrée par le biais des pensées, du cerveau, et utilisant pour cela les centres laryngé et frontal). Il faut en effet qu'il finisse par se perfectionner afin d'être capable d'enregistrer correctement les impressions venant de l'âme. Cela nécessite tout particulièrement l'activité du centre frontal. Lorsque celui-ci sera subordonné au centre coronal, un alignement harmonieux et conscient s'établira entre l'âme, la pensée et le cerveau, et l'énergie de la personnalité sera focalisée dans la tête au moyen du centre frontal.

L'HYPOPHYSE (OU GLANDE PITUITAIRE)

Il existe deux manières d'aborder l'étude de la glande pituitaire : d'une part en restant sur le plan de son action physique, d'autre part en étudiant exclusivement ses effets psychiques et spirituels. Ces deux approches témoignent cependant d'une double action de cette glande et il convient d'en dire quelques mots.

Ce traité n'étant pas un ouvrage de spécialiste s'adressant à des médecins endocrinologues, nous laisserons de côté ce qui pourrait embrouiller notre propos et le rendre confus. Toutes les personnes intéressées pourront, si elles le désirent, trouver des ouvrages très érudits traitant de cette question. Quant à nous, nous généraliserons pour ne conserver que l'essentiel des activités de la glande pituitaire.

La glande pituitaire est une glande endocrine de la grosseur d'un pois, pesant environ 0,5 gramme. Bien que de petite taille, elle a un rôle vital, non seulement par l'intermédiaire de ses hormones, mais encore par l'action qu'elle exerce sur les autres glandes et par ses relations avec les deux systèmes nerveux, le sympathique et le cérébro-spinal. Elle est située à la base du cerveau sous le plancher du troisième ventricule et est logée dans la selle turcique ; lorsque cette dernière ne se développe pas correctement, le sujet peut devenir attardé mentalement et intellectuellement.

La pituitaire est proche, dans sa partie supérieure, du chiasma optique dont elle n'est séparée que par une petite membrane, le diaphragme sellaire, et latéralement, du sinus caverneux et des nerfs occulaires.

Elle reçoit des incitations de nombreux centres nerveux qui l'entourent, en particulier du diencéphale. Elle sécrète plusieurs hormones qui stimulent la sécrétion des autres glandes endocrines. On a dit que la pituitaire est le chef d'orchestre des glandes à sécrétion interne, ce chef d'orchestre étant lui-même sous la direction du système nerveux.

Un syndrome typique de l'hypostimulation est réalisé par l'infantilisme hypophysaire : il s'agit d'un sujet dont la puberté n'apparaît pas à l'âge normal et qui à l'âge adulte garde la taille d'un enfant, les caractères sexuels secondaires étant absents.

La glande pituitaire est souvent appelée le cerveau somatique, car elle semble être le centre des actions subconscientes. Au fur et à mesure que la science progressera, de plus amples explications seront données sur cet aspect et cela en conjonction avec l'action de l'hypothalamus sur le sommeil. D'un autre côté, l'étude du centre frontal apportera beaucoup de lumière et de compréhension sur l'importance de la pituitaire tant sur le plan physique que spirituel.

La glande est composée d'une partie antérieure et d'une partie postérieure. C'est une sorte de combinaison mâle-femelle car le lobe antérieur est de polarité positive et le lobe postérieur de polarité négative.

Le lobe antérieur ou ante-hypophyse naît de l'ébauche pharingée. Cette partie est considérée avec justesse comme la partie maîtresse du système endocrinien. En effet, ce lobe assimile l'énergie de vie emmagasinée dans l'oxygène que nous respirons ; énergie vitale qui sera ensuite redistribuée tant au cerveau et au système nerveux cérébro-spinal qu'au système nerveux psychique ou sympathique. (Ce processus est en rapport avec le développement correct des parathyroïdes — voir ce chapitre.) D'autre part, ce lobe est en rapport intime avec la pression sanguine et le cœur (cette étroite correspondance existe entre le centre du cœur et la glande pituitaire). On comprend mieux ainsi l'importance de la respiration permettant au sang de se charger d'énergie vitale et positive. Les éléments cellulaires du lobe antérieur présentent sept types particuliers correspondant aux sept hormones sécrétées par l'ante-hypophyse. Ce nombre de sept possède également une signification occulte très profonde.

Le lobe antérieur a également un grand pouvoir sur la force sexuelle et créatrice. Une hyper-fonction de cette glande donnera des organes sexuels anormalement développés et entraînera la perte du désir sexuel. La pituitaire agit également et très fortement sur le squelette humain ; ainsi une hyper-sécrétion du lobe antérieur et une hypo-sécrétion du lobe postérieur donneront le type même du géant. C'est encore ce lobe qui est responsable du développement de la capacité mentale et intellectuelle, alors que le lobe postérieur régit surtout les sentiments et les émotions tels que la tendresse, l'instinct maternel, la sympathie, etc. On peut donc considérer qu'un homme ayant une personnalité forte et bien équilibrée possède les deux lobes de sa pituitaire en parfaite activité. Quand il existe chez l'adulte un déficit global de sécrétion de toutes les hormones ante-hypophysaires, se trouve réalisée la cachexie hypophysaire. Les signes sont un amaigrissement de dix à vingt kilos, une perte d'appétit, une insuffisance génitale, un effondrement du métabolisme basal, une hypoglycémie, etc.

Le lobe postérieur ou posthypophyse émane du diencéphale ou cerveau intermédiaire, auquel le relie la tige pituitaire qui met cette partie en rapport avec l'hypothalamus. Ce lobe est en quelque sorte le transmetteur de l'énergie prise par l'autre lobe, et son travail sera d'en diriger le flux vers certains centres du cerveau. Etant d'origine nerveuse, il a un rôle physiologique beaucoup moins important et beaucoup moins complexe que celui de l'ante-hypophyse. D'après les travaux modernes, il semble que certains centres nerveux du diencéphale sécrètent une hormone antidiurétique qui s'accumule dans ce lobe.

En ce qui concerne les multiples effets de la glande pituitaire, en voici quelques-uns mentionnés par le Dr Kapp :

« Parmi les effets produits par l'ablation de la glande pituitaire se trouvent l'arrêt de la croissance, l'atrophie des glandes et des organes sexuels accessoires, la suppression de la sécrétion lactée, la diminution de volume ou l'affaiblissement mammaire, l'atrophie ou le dépérissement de la glande thyroïde, des glandes surrénales et des parathyroïdes. L'ablation de la glande pituitaire provoque aussi la diminution du métabolisme basal,

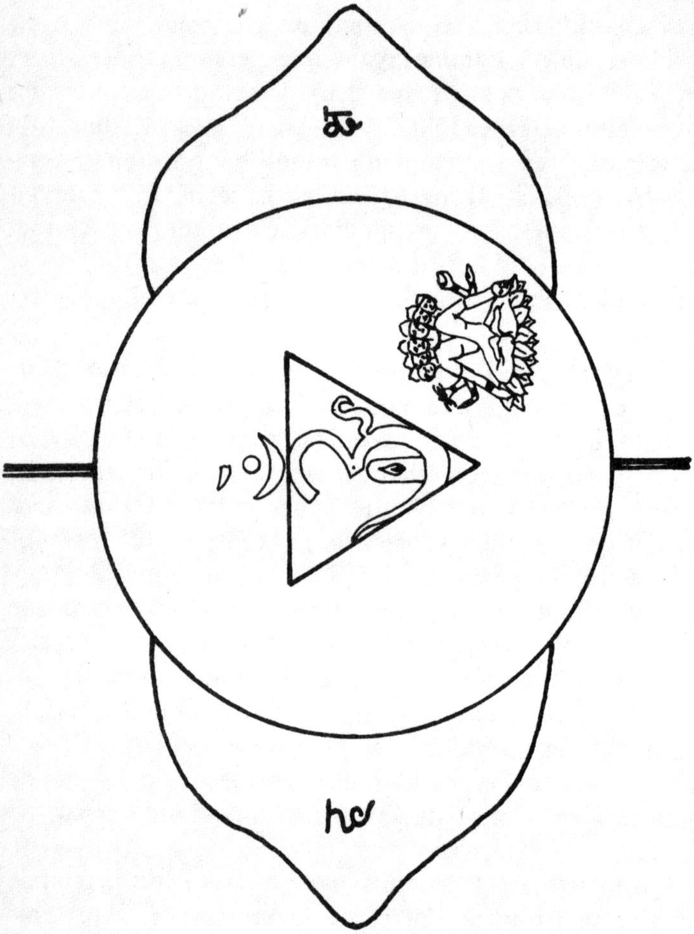

Ajna çakras

l'hypoglycémie (moins de sucre dans le sang), un accroissement de sensibilité à l'insuline, une diminution du taux normal de sucre dans le foie et les muscles, un ralentissement de l'activité naturelle et normale de l'animal et une résistance moins grande à l'infection et au choc. » (*Les glandes nos invisibles gardiennes* — Dr W. Kapp).

Pour finir sur un aspect plus spécifiquement mystique, mentionnons quelques réflexions du Dr H.S. Lewis au sujet de la pituitaire :

« « Son importance psychique réside dans le fait qu'elle maintient une relation harmonieuse entre les forces physiques du corps et les forces spirituelles dans leurs réactions les unes sur les autres, pour amener la régénérations des tissus et des cellules usées et maintenir dans le corps ce que nous appelons harmonie. » (*Essai d'un mystique moderne — H.S. Lewis).*

Notons également que la glande pituitaire maintient dans le sang la même proportion de sel qu'il y a dans la mer.

AJNA ÇAKRA

L'Ajna est localisé dans l'intervalle entre les sourcils. C'est un lotus blanc resplendissant qui comporte quatre-vingt seize pétales séparés en deux pétales majeurs (les ailes d'Hamsa) auxquels sont associées les lettres Ha et Ksha. En son centre se trouve un triangle blanc renversé contenant l'Itara-Linga lumineux comme le cristal ainsi que le bija mantra « Om ». La divinité qui préside est représentée par l'Atman, l'esprit pur, le véritable Soi, qui rayonne comme une flamme ; sa lumière relie en leur milieu le ciel (l'espace vide au sommet de la nadi Sankhini) et la terre (le Muladhara çakra). Sa shakti est Hakini, d'une blancheur lunaire, porteuse de six visages rouges et de six bras portant chacun un attribut, soit : un crâne, un chapelet, un damaru et un livre. Les mudras exécutés sont Abhaya et Varada.

Ajna est associé aux facultés cognitives de l'esprit.

LE TROISIÈME ŒIL

Le troisième œil n'a pas d'existence réelle car il est créé artificiellement au cours de la méditation. Dans la plus grande partie de l'humanité, ce troisième œil n'existe pas encore ; néanmoins, les énergies qui circulent sont ainsi canalisées, l'œil droit est l'agent des forces de désir et d'émotion, l'œil gauche est celui des pensées et le centre de distribution est le centre frontal.

Lorsque l'homme moyen devient un disciple sur le sentier, c'est-à-dire qu'il devient réceptif aux idées illuminées de son âme, la répartition des énergies change et s'organise ainsi : le troisième œil dont nous allons parler répartit l'énergie cosmique venant de l'âme, l'œil droit reste l'agent des forces émotionnelles, l'œil gauche véhicule l'énergie du mental concret et le centre Ajna ou frontal devient le point focal de ces trois énergies. On doit donc nettement différencier le centre frontal (Ajna), et la glande pituitaire. Ceci précisé, qu'est-ce alors que le troisième œil ?

Lorsque l'âme est proche de l'union avec la conscience objective de l'homme spirituel, la glande pinéale et le corps pituitaire (extériorisation physique du centre frontal), sont en processus de développement. Lorsque la personnalité est devenue parfaite, elle engendre dans le corps pituitaire une réaction magnétique qui ira en s'intensifiant jusqu'au moment où cette radiation magnétique touche la glande pinéale (appelée le Père dans les écrits occultes). Alors naît le troisième œil, résultat de l'interaction vibratoire entre les forces de l'âme agissant par la glande pinéale et les forces de la personnalité agissant par le corps pituitaire. Ces forces positives et négatives réagissent les unes sur les autres et lorsque leur magnétisme commun entre en relation se produit ce qui est appelé « la lumière dans la tête », lumière bien connue des pratiquants de Raja Yoga, et qui au demeurant n'est pas obligatoirement perçue objectivement. Cette lumière se trouve dans un point situé au centre de la tête entre le corps pituitaire et la glande pinéale ; c'est là, nous disent les adeptes avancés, que le disciple doit prendre la « position », car c'est là un point d'une extrême importance qui n'est ni physique, ni émotionnel, mais qui est un point de force vitale devenu le champ du service conscient et de la force utilisée à des fins particulières.

Lorsque ce troisième œil sera né, une véritable vision spirituelle apparaîtra, qui n'a rien à voir avec la voyance (venant souvent du centre solaire), ou même la claivoyance qui n'est que le fait d'un changement dans la structure nerveuse de l'œil. Grâce à cette sagesse ou vision spirituelle se produira chez l'initié :

— un éveil de la conscience de l'âme par le cerveau,
— la reconnaissance de l'activité du 3e œil comme centre dynamique dont les énergies serviront les desseins de l'âme par le service en action dans l'impersonnalité.

D'autre part, le troisième œil deviendra un instrument pour l'âme :

1. afin de voir au-delà de la forme illusoire, c'est-à-dire que par cette nouvelle fonction l'être prend contact avec l'Âme Universelle sous toutes ses formes,
2. afin d'agir sur les plans psychique et spirituel pour mieux servir et aimer son prochain,

3. comme agent de purification par la destruction des vieilles formes tant physiques qu'éthériques.

Pour finir, précisons que le troisième œil est l'instrument par lequel est obtenue une connaissance directe et que tout véritable initié doit avoir acquis ce troisième œil avant de devenir un adepte.

XI.

« O, Esprit, éveille-moi afin que je puisse aller hors du tombeau de la chair dans la conscience de mon corps cosmique. »

Paramahansa Yogananda.

LE CENTRE CORONAL

Le centre coronal, en sanskrit SAHASRARA, est situé juste au dessus du crâne. On lui donne à tort le nom de Brahmarandhra dont la vraie traduction signifie orifice divin et représente la tige du çakra coronal ou, pour être précis, la fontanelle éthérique par où s'échappe l'âme au moment de la transition. Vu par clairvoyance, il est semblable à un merveilleux soleil blanc étincelant de mille feux dorés ; c'est le plus lumineux de tous ; on le dit constitué de douze pétales majeurs blancs et dorés et de neuf cent soixante pétales secondaires disposés tout autour. Si on additionne ces neuf cent soixante pétales avec les quatre-vingt-seize du centre Ajna, on obtient un total de mille soixante pétales dans les deux centres de la tête qui, du point de vue de l'initiation, ne forment qu'un seul centre.

C'est dans le centre coronal que se déversent l'énergie violette venant du centre laryngé et l'énergie jaune provenant du centre cardiaque. Le centre coronal est rendu actif par la méditation et le service, et surtout lorsque l'homme, à l'égal de Jésus, devient capable de comprendre et de réaliser les paroles du Christ : « Que ta volonté soit faite et non la mienne. » Lorsque la volonté de la personnalité (pituitaire) s'est entièrement soumise à la volonté divine du Père, le centre coronal représentant la force monadique s'épanouit et s'illumine. Actif, le centre coronal confère à l'adepte la pleine activité de tous les centres et de tous les pouvoirs de l'âme ; il lui confère également la faculté appelée la continuité de conscience, c'est-à-dire de ne pas perdre un seul instant conscience d'être, que ce soit de l'état de veille au sommeil ou de la vie à la transition. Cependant le centre coronal étant le plus élevé de tous, il ne commence vraiment son activité qu'après l'initiation majeure appelée « Transfiguration ».

Pour les fervents d'astrologie, précisons que chez les disciples Uranus gouverne le centre coronal. Il est le foyer de la volonté spirituelle qui régit surtout l'activité des zones supérieures du cerveau, ainsi que l'œil droit. Comme nous l'avons dit au chapitre sur le centre coccygien, il existe une relation entre ce dernier et le centre coronal. En effet, grâce au centre coronal, les quatre pétales du coccygien se multiplient et ainsi le quaternaire se fond dans l'universel ; cet état se réalise lorsque le centre frontal établit une harmonie définitive avec le centre coronal, la demeure de l'esprit. De cette unité, un rapport s'établit entre la glande pituitaire et la glande pinéale conditionnant la personnalité et permettant ainsi la pénétration de l'âme.

Le centre coronal est le centre de la conscience monadique du Père. C'est l'endroit où la volonté de Dieu est connue, le lieu du dessein que seul le Fils (le Christ, ou l'âme) peut appréhender et connaître pour finalement en révéler la connaissance à la personnalité.

C'est à ce centre, ou plutôt à sa qualité, que s'adressait Jésus-Christ avec humilité lorsqu'il parlait du Royaume des Cieux et précisait à ses apôtres que ce Royaume des Cieux était au-dedans de chacun.

Le centre coronal est donc l'étape ultime, le point le plus élevé de conscience qu'un homme puisse réaliser.

Dans le symbolisme, on le représente toujours comme le sommet d'une montagne ou d'un endroit élevé où le pèlerin est supposé voir, entendre, dialoguer et recevoir la lumière de Dieu lui-même. En Orient, le centre coronal est localisé en haut du stoupa (au Tibet : chorten), où se trouve l'élément divin de l'éther transcendant. Au Japon, se sera le sommet des pagodes où se trouve le Mani ou joyau (la monade). Au Tibet, c'est le mont Mérou, la demeure du Roi du Monde. C'est aussi Kéther, la Couronne, ou l'émanation première et suprême de celui qui ne peut être nommé dans la Kabbale juive. C'est encore le triangle fait d'un alliage d'or et représentant les forces solaires que l'on trouvait voilà quelques siècles encore au sommet des pyramides. Plus près de nous, Moïse reçut lumière et connaissance sur le mont Sinaï, et Jésus-Christ fut crucifié sur le Golgotha (l'endroit du crâne).

Quel que soit le pays ou la religion, le centre du sommet, symbole du soleil spirituel central (alors que le Christ correspond au cœur du soleil) représentera toujours l'aboutissement du sentier humain et le lieu de la réintégration de l'homme dans l'éblouissante lumière de la présence divine, le Nirvana des bouddhistes. Cette illumination cosmique fait de l'adepte un prêtre à jamais dans l'Ordre de Melchisédek (le logos), comme il est décrit dans la Bible. Pour finir, citons un texte intéressant concernant la formation du centre et de ses pétales :

« Le lotus aux mille pétales est le seul des sept centres qui, à l'époque où la libération est parachevée, conserve la position d'un lotus inversé. La tige de ce lotus (en réalité l'ANTAKHARANA) s'élève jusque dans le "septième ciel", reliant ainsi l'initié avec le premier centre planétaire majeur, Shamballa. Tous les autres centres commencent par être inversés, avec tous les pétales tournés vers la partie inférieure de l'épine dorsale. Au cours de l'évolution, ils déploient progressivement leurs pétales et ensuite se tournent lentement vers le haut, ‘‘vers le sommet du sceptre’’, comme le dit l’ancien commentaire ». (*La guérison ésotérique* de Alice A. Bailey.)

GLANDE PINÉALE (ou épiphyse)

La glande pinéale est très petite et pèse à peine 0,16 grammes. Elle rappelle par sa forme une pomme de pin, d’où son nom de glande pinéale. Elle se trouve au centre du cerveau dans une cavité à l’arrière et au-dessus de la glande pituitaire, légèrement en retrait de la racine du nez, cavité située à la partie postérieure du toit du troisième ventricule cérébral. Elle a donc une origine neuro-ectoblastique et présente d’étroites relations avec le système nerveux. On sait depuis peu que la glande pinéale, faisant partie intégrante de l’épithalamus, est de grande importance dans la psychologie du comportement. La nature exacte et le rôle de la pinéale font encore l’objet de nombreuses controverses tant sur le plan de sa sécrétion endocrine que sur le plan ontogénique où la glande est quelquefois assimilée à un « œil vestigial », ce qui est mis en doute par de nombreux scientifiques rationnels. Cependant, on note la probabilité de l’existence de trois hormones :

1. La mélatonine, décrite par Jacques Decourt de cette façon : « La mélatonine se forme aux dépens de la serotonine sous l’influence d’une enzyme que les cellules épiphysaires possèdent en exclusivité : l’hydroxyindol-o-méthyltransferase (Axelrod, 1965). L’activité de cette enzyme est en relation avec l’éclairement de la rétine. La pinéale s’enrichit en sérotonine le jour, et mélatonine la nuit (Wuetman, 1963). »

2. On a cru y déceler une hormone spécifique : la glomérulotropine (réf. *Les glandes endocrines* de Jacques Decourt, *Que sais-je ?)* qui influence et exerce un contrôle sur la sécrétion par les cortico-surrénales de l'aldostérone.
3. On suppose l'existence d'une relation entre la glande pinéale et la fonction thyroïdienne, ce qui ne serait nullement improbable puisque, dans les cas de tumeurs de la glande pinéale, on a vu des développements anormaux des capacités sexuelles (rappelons ici les relations étroites qui existent entre la thyroïde et la sexualité).

Selon le Docteur W. Kapp, la glande pinéale agit en liaison avec les glandes surrénales dans la pigmentation de la peau. Il ajoute également qu'elle fonctionne aussi en connexion avec les glandes sexuelles et le cerveau. Le fait de la réduction du volume et de l'activité de la glande pinéale vers l'âge de sept ans provient de plusieurs facteurs. Parmi eux, notons que le fait d'avoir une personnalité s'exprimant en grande partie par ses cinq sens et presque exclusivement par sa conscience objective, diminue considérablement l'action de la pinéale qui elle réagit surtout à la nature intuitive et inconsciente de l'être réel et intérieur. D'autres raisons purement physiques peuvent également intervenir comme l'alimentation et l'ablation des amygdales.

Pour beaucoup de mystiques, la glande pinéale est en quelque sorte le centre de la vision spirituelle et divine. Il faut revenir très loin dans le passé pour retrouver les traces de cette ancienne faculté qui, de nos jours, tend à s'éveiller à nouveau. Les mythologies en parlent, les races de géants et les cyclopes antiques en sont des vestiges, vestiges de races maintenant disparues depuis des millénaires et que leur structure physico-éthérique pourvoyait d'une vision surtout polarisée sur les mondes intérieurs.

Les deux yeux, à cette lointaine époque, étaient

physiquement beaucoup moins parfaits que maintenant et, comme le dit un texte ancien : « Leur troisième œil embrassait l'éternité. » Il ne s'agit pas de ce dont nous parlons dans le chapitre intitulé « Le troisième œil », mais d'un organe d'orientation et sensation qu'utilisaient ces premiers êtres de la création. Avec le temps et la cristallisation du corps physique, cet organe de perception est devenu « la glande pinéale », une glande endocrine aux fonctions presque totalement inconnues de la science dite moderne.

En rapport avec cette longue métamorphose ayant presque totalement supprimé la vision intérieure, il est intéressant de se souvenir que sans le développement de la partie postérieure des hémisphères cérébraux, le corps pinéal serait parfaitement visible en enlevant les os pariétaux.

La science n'ignore plus maintenant que le système nerveux grand sympathique dépend de l'inconscient, alors que le système nerveux cérébro-spinal dépend quant à lui de la conscience objective. Il nous sera aussi très fructueux de méditer sur le fait que la glande pinéale était en relation avec le système nerveux grand sympathique pendant la dernière partie de l'époque lémurienne et la première période atlantéenne. En effet, l'homme voyait et communiquait sans difficulté avec les mondes intérieurs mais, à partir de la moitié de la période lémurienne, l'homme construisit et perfectionna son corps physique ; ceci put être réalisé grâce aux techniques de Hatha Yoga. L'homme développa de cette manière son mécanisme de sensations objectives ainsi que son système cérébro-spinal jusqu'à ce que, à l'époque atlantéenne seulement, un véritable contact put s'établir avec le monde extérieur : l'être intérieur devint conscient du monde des formes matérielles et de ce fait perdit le contact avec les mondes spirituels. Dans l'ère actuelle la liaison entre les deux glandes pinéale et pituitaire avec le système cérébro-spinal est presque achevée. Par conséquent, la conscience objective peut de plus en plus entrer consciemment en contact avec le monde intérieur et spirituel afin de réaliser l'expérience de la conscience cosmique. Voici également l'opinion du Dr H.S. Lewis :

« Elle (la glande pinéale) est l'organe important chargé du transfert des impressions, du subjectif au psychique, et elle est vraiment le transformateur qui connecte et transfère l'intelligence de la conscience psychique à la conscience objective. Quand, chez un enfant, cette glande est très développée ou quand elle a un développement au-dessus de la normale, nous avons ce qu'on appelle un enfant précoce. Il résulte aussi un enfant qui se rappelle facilement et amène à sa conscience objective présente beaucoup des impressions qu'il a recueillies dans son incarnation antérieure. » (*Essai d'un mystique moderne*, Dr H.S. Lewis, Editions Rosicruciennes.).

Précisons également que si le corps pinéal est surtout lié aux impressions venant de l'âme, il ne faut pas le confondre avec ce qui est communément appelé le troisième œil, lequel possède une fonction unique et particulière. Ils sont tous les deux apparentés mais non pareils. Il ne faut donc pas confondre la vision spirituelle avec la vision éthérique.

Rappelons encore que c'est au sein de cet organe de perception spirituelle que se produisent les contacts avec l'âme. Dans la vision éthérique ou astrale, l'aspect spirituel n'en est pas la cause : des animaux comme le chat ou le cheval possèdent cette faculté qui permet de voir ce qui est invisible à l'œil physique ; cela dépend essentiellement d'une différence dans la structure physique de l'œil, et l'humanité, de plus en plus, commence à ressentir le développement de cette nouvelle faculté. Mais, cela n'est rien de plus que la possibilité de voir des vibrations de fréquence à peine plus élevée que la matière, fréquence relativement peu élevée par rapport aux hautes vibrations de l'âme. Cette nouvelle faculté permettra néanmoins de connaître un autre monde de

Sahasrara çakra

manifestation éthérique et bien réel, tel que l'émanation électromagnétique des formes de vie, ou le contact avec les devas (anges).

Le texte qui est maintenant cité vient d'enseignements oraux qui furent donnés par ce grand initié que fut H.P. Blavatsky, dans son œuvre magistrale : *La Doctrine Secrète.* Voici donc ce qui est dit au sujet de la glande pinéale :

« La perception a pour organe physique spécial le cerveau, elle est localisée dans l'aura de la glande pinéale. Cette aura répond par des vibrations à toutes les impressions, mais elle ne peut être que sentie et non perçue, chez l'homme vivant. Durant le processus de la pensée se manifestant dans la conscience, une vibration constante se produit dans la lumière de cette aura, et un clairvoyant qui examinerait le cerveau d'un homme vivant pourrait presque compter, presque voir avec l'œil spirituel les sept degrés, les sept tons de lumière passant du plus sombre au plus brillant. Vous touchez-vous la main ? Avant que vous ne l'ayez touchée, la vibration a déjà atteint l'aura de la glande pinéale et y a produit sa propre nuance. C'est cette aura qui détermine l'usure de l'organe, par les vibrations qu'elle fait naître. Le cerveau, mis en vibration, transmet les vibrations à la moëlle épinière et, de cette façon, au reste du corps. Le bonheur, comme le chagrin, déterminent de fortes vibrations et usent ainsi le corps. De puissantes vibrations de joie ou de chagrin peuvent donc tuer. » (*La Doctrine Secrète,* n° 6 (miscellanées) H.P. Blavatsky, Editions Adyar.)

SAHASRARA ÇAKRA

Le lotus aux mille pétales se trouve à l'emplacement de la fontanelle (Brahmarandhra), à environ quatre pouces au dessus du sommet de la tête. C'est un lotus de couleur blanche, la corolle tournée vers le bas. Les cinquante lettres de l'alphabet sont répétées vingt fois, pour faire mille, et se lisent de droite à gauche. C'est dans ce lotus que se trouve Shiva, le suprême gourou : il est assis sur Hamsa, le cygne cosmique symbole de l'expiration Ham et de l'inspiration Sa, et par le biais duquel le yogi, dans la pratique des pranayamas, parvient à élever sa conscience. Dans ce çakra se réalise l'union finale entre le Dieu et sa shakti, c'est-à- dire entre Shiva le Père et Kundalini la Mère, après que celle-ci ait traversé les six çakras inférieurs. Ainsi, celui qui a connu cette union ultime connaîtra le grand vide d'où l'on ne revient plus (Paranirvana) et aura par conséquent rompu tous les liens karmiques le rattachant à la terre ; c'est ainsi que cesse le cycle des réincarnations terrestres (Samsara).

LES ÇAKRAS MINEURS

Les çakras mineurs sont quelquefois mentionnés dans les textes sacrés des hindous. Néanmoins, ils offrent très peu d'intérêt, sauf ceux qui sont en étroit rapport avec le cerveau et auxquels font parfois allusion certains auteurs :

— « Le Lalanâ çakra, en face de la luette, ayant douze pétales (ou lobes), région que l'on suppose associée à la production des sentiments et des affections ego-altruistes, comme l'amour-propre, l'orgueil, l'affection, le chagrin, le regret, le respect, la vénération, le contentement, etc. (1). »
L'initié se concentre sur ce centre lorsqu'il visualise son instructeur pour en solliciter des connaissances

(1) Arthur Avalon, *La puissance du serpent*, Dervy-Livre.

diverses. Le centre Lalanâ est responsable des douze paires de nerfs crâniens qui quittent le cerveau pour aboutir aux différents organes des sens.

— « Le Mana çakra, le sensorium, avec ses six lobes (cinq sensoria spéciaux pour les sensations d'origine périphérique, et un sensorium commun pour les sensations d'origine centrale, comme dans les rêves et les hallucinations (1). »
On considère généralement que le Mana çakra est physiquement extériorisé par le cervelet. C'est aussi à partir de ses pétales que naissent les sensations des cinq sens.

— « Le Soma çakra, ganglion à seize lobes, comprenant les centres du milieu du cerveau, au-dessus du sensorium ; siège des sentiments altruistes et du contrôle de la volonté, la compassion, la douceur, la patience, le renoncement, le caractère méditatif, la gravité, le sérieux, la résolution, la détermination, la magnanimité, etc. (1). »

C'est, disent les yogis, dans ce centre que peut être contemplée la gloire du glorieux Ishvara (Ishvara correspond au second aspect de la trinité chrétienne, c'est-à-dire au Fils, au Christ en manifestation. Ishvara est aussi Aum, le mot sacré ; il est « le Christ en nous, l'espérance et la gloire »).

XII.

« L'homme est l'esprit et la femme est l'âme de l'homme : le tout se réunit dans le chef commun. Là, la femme se lie à l'esprit pur, et l'homme trouve l'âme pure. Voilà le véritable mariage. »

L.C. de Saint-Martin.

LES SYSTÈMES NERVEUX

Les systèmes nerveux font encore aujourd'hui l'objet de nombreuses recherches et leur complexité est telle que bien des mystères planent encore sur cette partie du corps humain.

La science secrète cependant, forte de sa connaissance ancestrale, a depuis longtemps étudié en profondeur cet aspect de l'homme que nous semblons redécouvrir. Nous allons donc essayer d'en analyser très brièvement, et sans prétention technique, les lois essentielles.

Nous pouvons tout de suite établir que l'homme est pourvu de deux systèmes nerveux :

A) Le système nerveux cérébro-spinal ou central, lié à la vie de relation et tout spécialement adapté au plan physique et à la conscience objective.

B) Le système périphérique ou organo-végétatif, lui-même doublement constitué. Ce système concerne spécialement la vie intérieure, psychique et divine de l'homme.

Ces deux systèmes principaux démontrent à nouveau au lecteur, par polarité respective, la grande loi de dualité : Esprit-matière, positif-négatif.

A) *Le système nerveux cérébro-spinal*

Le système nerveux cérébro-spinal est appelé central en raison de sa localisation à l'intérieur de la moëlle épinière de l'épine dorsale. Ce système nerveux appartient à la partie physique de l'homme, c'est-à-dire qu'il en régit toutes les actions volontaires et objectives. Ainsi, tout effort musculaire par exemple est vitalisé par ce système dont l'énergie circule dans deux directions par l'intermédiaire des nerfs (un nerf étant, il faut le souligner, le canal matériel et négatif par où s'écoule l'énergie vitale et positive d'un nadi). En effet, les cinq sens peuvent communiquer au cerveau des impressions objectives véhiculées par les nerfs efférents. Ensuite, des influx nerveux sont renvoyés du cerveau par l'intermédiaire des nerfs éfférents afin de vitaliser les actions volontaires que nous utilisons quotidiennement sur le plan physique.

Comme son nom l'indique, le système cérébro-spinal agit en étroite relation avec la matière mentale ; il est donc principalement relié avec le centre frontal et avec la glande pituitaire. La polarité fondamentale de ce système est, répétons-le, essentiellement négative.

B) *Le système nerveux périphérique et végétatif*

Ce système est le plus mystérieux des deux. Il est lui-même doublement constitué du système orthosympathique d'une part, et du système parasympathique d'autre part.

1. *Le système orthosympathique*

   Nous l'appellerons simplement le sympathique. Ce système comprend des fibres nerveuses répandues dans tout l'organisme et tout spécialement dans la région cervicale avec trois ganglions essentiels :

   - Le ganglion cervical supérieur.
   - Le ganglion cervical moyen.
   - Le ganglion cervical inférieur (voir fig. n°2).

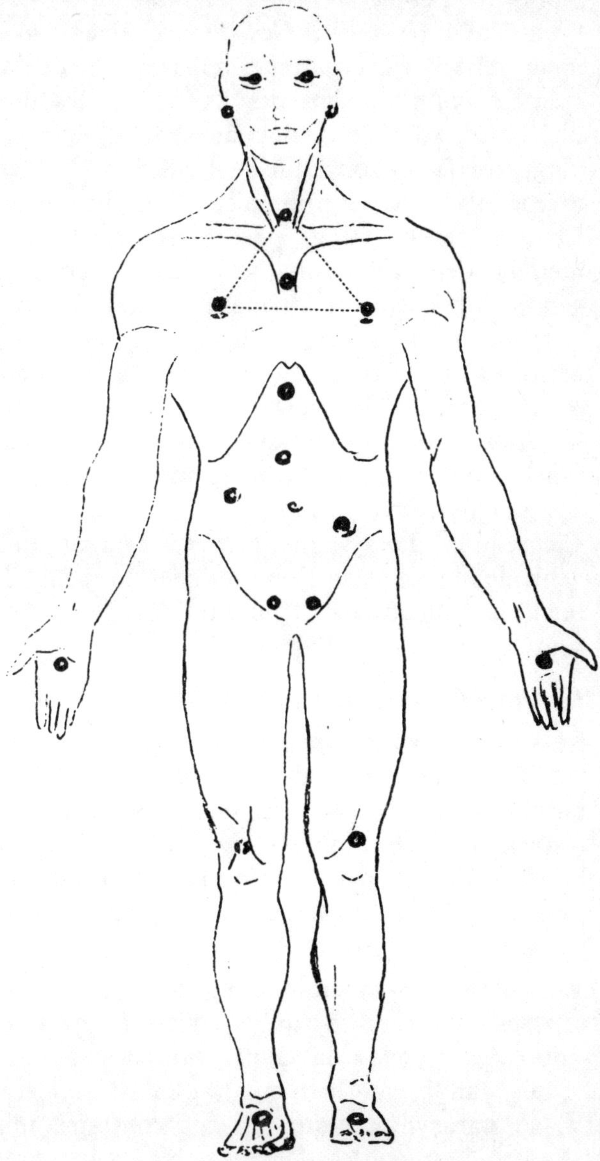

Les vingt et un centres mineurs

Ces ganglions sont réunis par deux chaînes de ganglions sympathiques répartis de chaque côté des vertèbres de l'épine dorsale ; un côté de la chaîne est négatif, l'autre positif.Ces deux chaînes sont directement reliées aux centres sympathiques de la moëlle épinière (emplacement des çakras) et les nerfs périphériques. Chaque chaîne du sympathique comprend vingt-trois ganglions qui se réunissent finalement au niveau d'un ganglion impair, le ganglion coccygien.
Ce sont ces ganglions positifs et négatifs qui transmettent l'énergie cosmique et psychique de l'intelligence universelle et divine à toutes les parties de l'organisme afin que celles-ci puissent fonctionner conformément au dessein de l'âme adombrante. Voilà pourquoi les yogis de l'Orient aussi bien que les gnostiques de l'Occident ont donné tant d'importance aux exercices spirituels touchant exclusivement ces ganglions sympathiques.
L'ensemble du système nerveux sympathique est le véhicule de ce que l'on nomme un peu nébuleusement le subconscient, qui doit lui-même devenir un jour le véhicule de l'âme.

2. *Le système parasympathique*

Le système parasympathique, ou nerf vague, constitue la seconde partie du système végétatif. Il part du bulbe rachidien à la base du cerveau (près du centre respiratoire), et innerve la gorge, les poumons, l'aorte, l'œsophage, l'estomac, l'intestin grêle, le pancréas, le foie, la rate, les reins, le côlon et les vaisseaux sanguins des viscères.

Les systèmes sympathique et parasympathique sont superposés, c'est-à-dire qu'ils dirigent tous deux la sécrétion des glandes, la contraction des muscles lisses, etc. Mais, tandis que le sympathique est accélérateur du cœur, le parasympathique est au contraire inhibiteur. En d'autres termes, les deux systèmes sont antagonistes et conçus pour s'équilibrer réciproquement.

Dans le cadre du système sympathique, n'omettons pas le nerf pelvien localisé dans le sacrum et concentré en un petit plexus relié au rectum, au côlon descendant, à l'anus, à la vessie et aux parties sexuelles, dont l'importance est très grande lors des hautes initiations.

Comme nous le voyons sur la planche n°1, les filets nerveux psychiques du sympathique (appelé aussi système autonome) parcourent tout l'ensemble du corps de la même manière que ceux du cérébro-spinal. Le premier, avec sa double polarité (et son double chapelet), alimente le corps en énergie positive et négative, alors que le second, qui est unique (au centre de l'épine dorsale) se borne à envoyer l'énergie motrice dans une direction et les impressions des sens vers le cerveau.

L'écoulement de l'énergie du système sympathique double se fait par des filets nerveux qui aboutissent à des ganglions placés de façon stratégique dans le corps. La mission de ces petits transformateurs d'énergie, souvent constitués de filets orthosympathiques et parasympathiques, est de servir de point focal d'énergie et d'accomplir un travail de régénération psychique. Ces ganglions périphériques de moindre importance sont en fait l'expression matérielle d'un grand nombre de çakras moyens et mineurs.

Ces ganglions, que nous appelons dans le présent ouvrage : système périphérique, aboutissent à des plexus qui s'étendent à la manière d'une toile d'araignée sur un muscle ou un organe, et l'interpénètrent dans ses moindres recoins afin de l'alimenter en énergie psychique dont, ne l'oublions pas, la principale caractéristique est d'être thérapeutique. Ainsi, toutes les parties du corps bénéficient de l'énergie du système sympathique.

C) *Le système sympathique et le système cérébro-spinal*

Les deux grands systèmes nerveux sympathique (positif) et cérébro-spinal (négatif) ne sont nullement indépendants l'un de l'autre, bien qu'agissant sur deux plans distincts.

Observons les figures n°1 et n°4. Entre le système central et les deux chaînes sympathiques se trouvent des nerfs appelés rameaux communicants gris qui relient (presqu'en face de chaque vertèbre) les nerfs rachidiens au système sympathique.

Les rameaux blancs de leur côté, attachés aux ganglions sympathiques, transmettent les impressions aller et retour du système sympathique au cérébro-spinal.

En fait, à mesure que l'homme réalise sa divinité et qu'il utilise consciemment son système sympathique, une connexion de plus en plus étroite a lieu entre les deux systèmes par l'intermédiaire des trois centres importants que sont l'alta-major, le centre Ajna et le centre coronal.

Nous avons dit que les sensations objectives, perçues par les cinq sens, sont transmisent au cerveau par le système cérébro-spinal. Il en est tout autrement des sensations perçues par le système nerveux sympathique et psychique.

Les cordons nerveux de ce système ont, eux aussi, des plexus à leurs extrémités, et ils sont reliés à toutes les parties du corps sans exception. Cependant, les sensations reçues sont perçues par des centres récepteurs infiniment plus sensibles que le cerveau. Ces centres sont les çakras et leur mécanisme, les glandes endocrines. Voilà pourquoi un aveugle peut voir avec sa vue psychique (glande pinéale) des couleurs, des formes, voire des écrits ou des paysages. Les sensations vibratoires ne sont pas captées par les yeux mais par les doigts, le front ou toute autre partie du corps ayant déjà acquis une sensibilité au contact. Les fréquences vibratoires (ou sensations potentielles) sont transmises aux nerfs sympathiques et à la glande endocrine correspondante qui retransmet la vibration au système cérébro-spinal, par l'intermédiaire des rameaux blancs, où elle sera envoyée au cerveau pour être interprétée par la conscience objective. Tel est, excessivement schématisé, le processus de perception psychique. Cette interprétation dépend en grande partie du bon fonctionnement des deux glandes pituitaire et pinéale.

Cette relation entre les deux systèmes est également la clé des maladies psychosomatiques qui naissent souvent dans les corps subtils du psychisme inférieur et se répercutent finalement sur le corps physique dense. On peut donc aisément comprendre que l'harmonie et la réalisation spirituelle résultent dans une certaine mesure de l'équilibre et de la bonne entente entre les deux grands systèmes nerveux. Chacun réagit sur l'autre sans cependant agir autre part que sur son propre plan.

Notons aussi que le système sympathique est un instrument indispensable car il permet à l'âme de fonctionner sur le plan physique par l'intermédiaire du corps psychique.

Le système cérébro-spinal a son siège dans le cerveau, le sympathique a le sien dans le cervelet et les centres qui s'y rattachent.

Enfin, à titre d'information, précisons que les systèmes nerveux pris comme un tout sont régis par Vénus.

1. Lobes cérébraux
2. Thalamus
3. Glande pinéale
4. Glande pituitaire
5. Cervelet
6. Cerveau moyen
7. Moëlle épinière
8. Ganglion de ribes (terminaison crânienne du système sympathique)
9. Ganglion cervical supérieur
10. Ganglion cervical moyen
11. Ganglion cervical inférieur

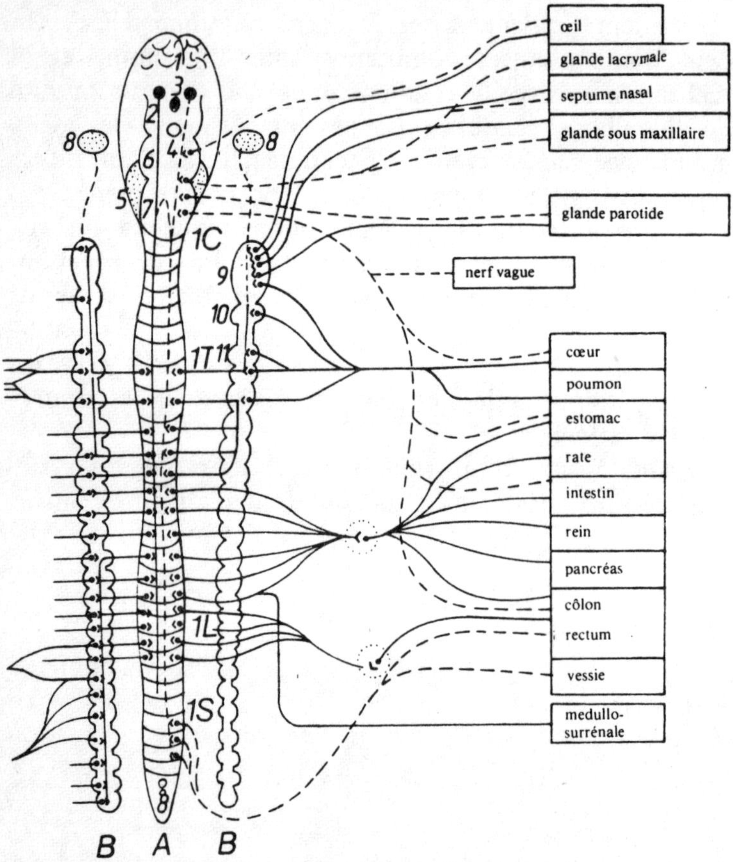

Schéma du système nerveux central ou cérébro-spinal (A) entouré des deux chaînes du système végétatif ou orthosympathique (B).
Le nerf orthosympathique est représenté en traits pleins et le nerf parasympathique en lignes hachurées au centre de l'épine dorsale.
Cette planche montre les relations entre les deux systèmes par l'intermédiaire des rameaux gris et blancs ainsi que des ramifications nerveuses alimentant différentes parties du corps.

XIII.

« Seul celui qui n'est pas exclusivement accaparé par la lutte pour l'existence peut sagement apprécier la vie. »

Lao-tseu.

LA COLONNE VERTÉBRALE

La colonne vertébrale est symboliquement le tronc central qui soutient et protège la charpente du corps. Ce centre de gravité a son équivalent dans les représentations de stupas de l'Inde, dans les pagodes de l'Asie, dans les chortens tibétains. Nous en avons parlé dans le chapitre consacré aux nadis supérieurs. Cependant, il faut noter que l'épine dorsale est le conduit physique de la moëlle épinière, ainsi que des énergies matérielles, spirituelles et divines. Son étude extérieure est utile à bien des égards, surtout comme symbole vivant et naturel pouvant, par la loi de correspondance, nous amener à une compréhension illuminante de ce qu'elle cache dans sa contre-partie éthérique ; sans oublier que la colonne vertébrale a son équivalent dans l'axe de la terre et ses deux grands pôles, le Mérou situé au nord, la demeure des dieux, le Patâla situé au sud, la demeure inférieure. Ces deux axes produisent les saisons ou des états de conscience particuliers si l'on associe ces axes macrocosmiques à l'homme microcosmique. L'épine dorsale part de la base du tronc, ou sacrum, et monte jusqu'à la base du crâne avec l'atlas soutenant le crâne. Elle possède 33 vertèbres ; ce symbolisme peut être retrouvé dans tous les système mystiques et religieux, exemple : l'identification du temple de Salomon avec l'âme. Ce temple de l'âme n'est finalement construit que lorsque Kundalini s'est élevée jusqu'à la 33e vertèbre cervicale. C'est pour cela qu'il est dit que le premier temple de Salomon a resplendi pendant 33 ans. C'est à ce même temple que Jésus se réfère lorsqu'il annonce qu'il rebâtira le temple en trois jours (après sa crucifixion à 33 ans). Voilà encore pourquoi la Maçonnerie possède 33 degrés initiatiques.

L'épine dorsale a aussi un rapport numérique avec l'astrologie. Elle se divise en cinq parties. Commençons par le haut : cette première partie est appelée la région cervicale et se compose de sept vertèbres, chacune sous l'influence d'une planète particulière, la première sous celle de Saturne, la seconde sous celle de Jupiter, la troisième sous celle de Mars, la quatrième sous celle du Soleil, la cinquième sous celle de Vénus, la sixième sous celle de Mercure, et la septième sous celle de la Lune.

Vient ensuite la région dorsale avec douze vertèbres dites thoraciques symbolisant les douze signes du zodiaque.

Puis nous avons la région lombaire pourvue de cinq vertèbres en relation avec les cinq éléments, feu, terre, air, eau, éther, que nous retrouvons représentés sur les stupas orientaux. Certains auteurs prétendent que ces cinq éléments sont régis par la Balance, car c'est là que se trouverait le centre de gravité ! On pourrait plutôt parler de centre de vitalité car c'est là que les forces du ciel et de la terre se réunissent et s'équilibrent.

Puis, nous arrivons à la région sacrée constituée par les cinq segments du sacrum dont la contrepartie éthérique recèle la force endormie du serpent Kundalini, d'où son nom de « sacré ». Ces cinq segments sont régis par le Scorpion.

En dernier lieu vient la région coccygienne avec les quatre segments du coccyx correspondant aux quatre pétales du centre coccygien.

Les vertèbres sont placées les unes sur les autres, liées ensemble par des apophyses épineuses et transverses ainsi que par des muscles, le tout articulé par l'intermédiaire des disques vertébraux. Il est d'ailleurs intéressant de noter que ces disques existent également dans la matière éthérique de l'épine dorsale. En effet, il est dit que chaque centre psychique attaché à Sushumna est séparé de celui du dessus par des disques composés de substance gazeuse et éthérique. Il en existe quatre situés entre les cinq centres de l'épine dorsale et trois se trouvant dans la tête en forme d'étoile à six branches. Ces disques d'éther tournent à des vitesses déterminées selon l'activité des centres. La libre circulation des forces montantes et descendantes ne peut se faire avant que ces séparations ne soient détruites, permettant aux centres d'entrer en rapport les uns avec les autres afin que puisse s'élever sans entrave l'énergie de Kundalini. Cependant, il est fort dangereux de brûler prématurément ces disques protecteurs par le biais de techniques telles que les Pranayama. Les résultats désastreux qui surviennent après de telles pratiques (dans le cas du disciple non préparé) engendrent des effets terribles allant du désordre mental jusqu'à la mort. Bien des clairvoyants ont pris les feux de ces disques pour les centres psychiques car chacun d'eux brille d'une lumière individuelle. Entre chaque vertèbre sortent des nerfs rachidiens venant de la moëlle épinière (la moëlle épinière est l'extériorisation matérielle de la corde d'argent ou Sutratma) et qui se dirigent vers des organes particuliers. La colonne vertébrale est destinée, dans le cas de personnes avancées spirituellement, à transmettre des stimulations aux centres et à répartir l'énergie aux régions voisines. Tout cela se passe bien entendu au niveau de la moëlle épinière et des nerfs qui en sont issus.

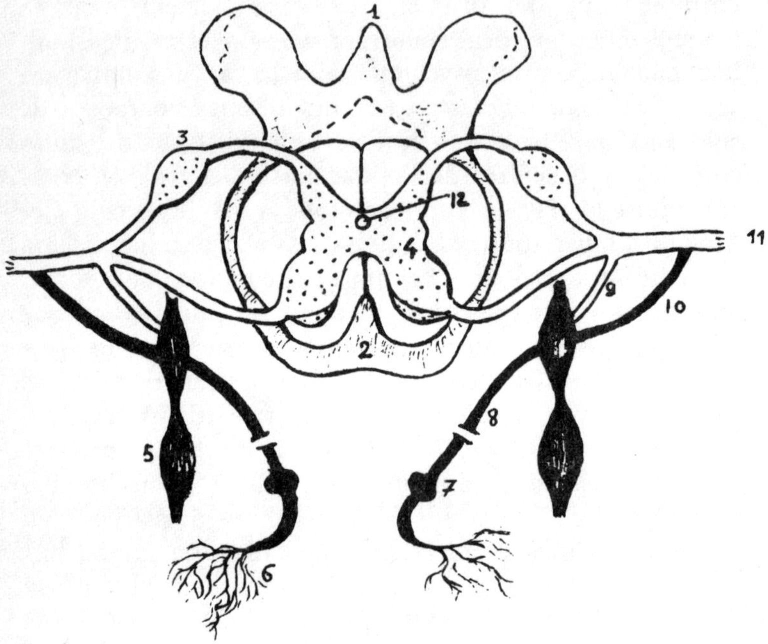

1 & 2. Vertèbres
3. Ganglion spinal
4. Moëlle épinière
5. Chaîne ganglionnaire orthosympathique
6. Plexus sympathique
7. Ganglion périphérique
8. Nerf orthosympathique
9. Rameau communicant blanc
10. Rameau communicant gris
11. Nerf rachidien
12. Canal épendymaire

Ce schéma représente une coupe latérale de l'épine dorsale montrant les deux systèmes nerveux principaux :
A) Le système nerveux cérébro-spinal
B) Le système nerveux orthosympathique (grand sympathique) ainsi que leurs relations mutuelles par le biais des rameaux gris et blancs.

majeurs qui sont : les deux déjà mentionnés plus l'alta-major, ainsi que quatre centres inférieurs fusionnés dans ce dernier. De nos jours, les hommes et les femmes qui se consacrent sans réserve au travail et au service du monde sont peu nombreux. Cependant, beaucoup apprennent à se qualifier afin de devenir de parfaits instruments de bonheur, que ce soit pour eux ou pour leur entourage.

Ces êtres rayonnants et intelligents agissant dans notre monde avec sérénité, courage, patience et efficacité, sont tous pourvus de certaines facultés résultant d'une certaine harmonie réalisée en eux-mêmes et que nous pouvons brièvement indiquer. La première condition de succès est une certaine union établie entre l'âme, le mental et le cerveau, d'où l'importance de ce dernier comme moyen de perception et de retransmission. Le cerveau doit donc être télépathiquement sensible aux inspirations du monde des âmes et à celui du monde des hommes. Chez la plupart des mystiques, l'âme et le mental ont été amenés à un contact étroit, néanmoins le cerveau physique reste encore insensible aux impressions supérieures. Un travail précis doit avoir lieu afin de rendre le cerveau capable d'enregistrer correctement les idées et concepts illuminés de l'âme.

Le cerveau est surtout conditionné par le système endocrinien et en tout premier lieu par la glande pinéale, la glande pituitaire et la glande carotide. Lorsque ces trois centres sont parfaitement synchronisés, un triangle de feu est créé qui, par l'intermédiaire de la glande carotide située dans la moëlle allongée, est mis en relation avec les autres glandes et centres. Le cerveau devient alor un agent très puissant de direction ainsi décrit par le Tibétain :

« A) En tant récepteur et transmetteur de la pure énergie ou de la vie, il (le cerveau) utilise la glande carotide, gouvernée par le centre Alta-Major, et établit une relation étroite avec le cœur et le centre du cœur.

« B) En tant que récepteur de l'énergie mentale, ou énergie de l'âme, c'est le centre Ajna qui devient l'agent directeur, c'est le centre qui gouverne le corps pituitaire.

« C) Ces énergies sont reçues via le centre de la tête qui gouverne la glande pinéale. L'énergie émotionnelle pénètre le système de la personnalité via le centre du plexus solaire, ou elle gouverne, ou elle est transmuée et élevée. » (*Les Rayons et les Initiations;* Alice A. Bailey.)

Lorsque le cerveau devient une plaque sensible et réceptive des forces de l'âme, certains phénomènes étranges reliés au cerveau apparaissent et surtout ce phénomène appelé « la lumière dans la tête ». Cela arrive chez un disciple avancé lorsque les forces venant de l'âme par l'intermédiaire du centre coronal viennent fusionner avec la lumière magnétique du corps vital agissant par le centre cardiaque, ce qui provoque la stimulation des sombres atomes du corps physique (à travers le centre coccygien). Lorsque ces trois centres de force ainsi que le centre solaire s'unissent, une initiation d'un certain degré est sur le point d'être réalisée. C'est généralement à ce moment que la lumière de l'âme pénètre dans la région de la glande pinéale et produit une irradiation des éthers de la tête stimulant de cette façon les atomes du cerveau. Cette irradiation finit par fusionner avec la lumière de l'âme et la lumière magnétique. De cette union naîtra le soleil radieux au centre du cerveau, dans lequel pourra un jour être trouvée l'entrée qui mène au véritable sentier. Ajoutons cependant que cette lumière n'est pas toujours perçue, même par les êtres avancés spirituellement.

Dangers et maladies du cerveau

Il existe sans aucun doute des dangers réels à pratiquer de façon inconsidérée certaines formes de méditation mal adaptées au tempérament du méditant ou à son degré de réalisation. Parmi ces dangers, notons tout de suite l'un des plus fréquents : celui d'une méditation anormalement soutenue et mal pratiquée qui entraîne des congestions, un épanchement des vaisseaux sanguins et une tension très forte sur les tissus délicats du cerveau. Il est donc indispensable et en tout cas prudent d'observer les troubles mineurs qui indiquent une mauvaise méditation : ce sont la migraine, l'engourdissement du corps, la dépression nerveuse, l'irritation et la fatigue. Tous ces signes doivent être pris au sérieux car ils peuvent mener le méditant jusqu'au portail d'un hôpital psychiatrique.

Le second danger provient d'une recherche effrénée et inconsidérée dans le but d'éveiller le feu sacré par des exercices respiratoires et autres exercices de même nature. Cette énergie de feu est quelquefois attirée vers le haut avant même que le corps vital ne soit purifié, aussi la force monte-t-elle et brûle-t-elle tout ce qui obstrue son passage et en particulier les tissus très fragiles du cerveau, apportant souvent la folie et parfois aussi la mort.

Le crâne

Bien peu de choses peuvent être dites concernant l'enveloppe protectrice du cerveau, c'est-à-dire le crâne. L'avenir en dira beaucoup plus par la seule observation de la boîte crânienne, mais pour le moment rien de vraiment concret n'est encore apparu dans le domaine de la phrénologie. Il existe cependant une intéressante étude symbolique des nombres concernant le crâne. En effet, nous savons que celui-ci est composé de vingt-deux os, quatorze formant la face et huit la calotte crânienne. Certains écrivains mystiques ont même relevé que le Sepher Yetsirah, texte ésotérique de la Kabbale, s'y réfère en mentionnant que le Seigneur disposa les vingt-deux lettres de l'alphabet hébreu en forme de muraille. Quant aux ventricules du cerveau, ils symboliseraient les grottes servant d'habitacle aux saints ermites et aux sages parvenus à la perfection, qui le devinrent après avoir remonté le fleuve sacré de l'épine dorsale, c'est-à-dire Sushumna nadi.

XV.

« Il prit le sang des jeunes taureaux et des boucs, avec de l'eau, de la laine écarlate et de l'hysope, et il aspergea le livre lui-même et tout le peuple en disant : Ceci est le sang de l'alliance que Dieu a prescrite pour vous. »

Epître aux Hébreux IX-19-20

LE SANG

Le sang a toujours été reconnu comme étant un facteur vital dans le maintien de la vie. Les sacrifices dans lesquels intervenait le sang ont toujours eu une signification ésotérique et mystique, même si le sens profond en fut quelquefois détourné et masqué dans une intention égoïste et malsaine. De tels sacrifices avaient pour but de répandre le sang dans une intention bien précise. Pour bien comprendre celle-ci, il faut se rappeler que le sang possède en lui « la chaleur de l'âme » et que ce même prana, cette énergie solaire, alimente non seulement notre corps physique mais nourrit également l'émotion et le psychisme. En fait, le courant sanguin est le répartiteur du principe de vie et des forces du véhicule éthérique, des systèmes nerveux et bien entendu du système endocrinien. Lorsque le sang s'écoule à l'extérieur d'une plaie au cours d'un rituel, l'essence vitale qu'il contient est libérée et se sépare de la substance purement chimique qui, elle, se coagule. Cela est la base des rites de magie animique. C'est de ce double principe du sang que vient l'erreur consistant à croire que Jésus préconisa de boire son sang, alors qu'il s'agissait uniquement d'en recevoir la subtile essence vitale et spirituelle. D'ailleurs, à ce sujet, la Bible nous dit qu'il était interdit aux Juifs de boire du sang puisque, dit-elle, « l'âme de toute chose se trouve dans le sang ». (Lévitique 17,II,14.)

L'essence vitale libérée au cours des rites sanglants était considérée comme un moyen puissant, un intermédiaire efficace par le truchement duquel certaines forces ou entités élémentaires de l'invisible pouvaient se manifester. C'était chez les peuples primitifs (il existe malheureusement encore de tels êtres dans nos grandes cités) la possibilité de communiquer avec les plans intermédiaires du cosmique pour en recevoir certaines directions ou connaissances.

L'expression supérieure (mais encore très inférieure à l'adeptat et à l'initiation) de cette magie animique est appelée le spiritisme, et le sang a été avantageusement remplacé par une table ou un guéridon. De nos jours, les disciples avancés recherchent principalement la communion directe avec Dieu par le biais de l'Âme-Personnalité ; nous constatons que, là encore, l'âme et le sang sont en étroite relation. Comme intermédiaire, le sang était autrefois un agent efficace entre les hommes et les dieux. Dans l'ère présente, il représente surtout un lien entre l'homme et son esprit, et cela est à la base des grandes religions. En effet, le mot religion vient du latin « religare » qui signifie « relier » ; la religion est donc, comme le Yoga, le moyen de se relier à son essence divine, le « Dieu de son cœur ».

Cet emblème sublime n'est pas sans nous rappeler la légende traditionnelle de la Coupe du Saint-Graal. Ce divin réceptacle aurait été utilisé par Joseph d'Arimathie pour récupérer le sang très précieux du Seigneur agonisant sur la croix. Ceci est bien entendu purement symbolique car c'est la force spirituelle contenue dans le sang qui fut plus tard recherchée par les Chevaliers du Graal, et non le liquide en tant que substance.

Il en fut de même pour les apôtres qui, de façon

allégorique, se conformaient à l'un des plus ésotériques et des plus beaux sacrements de l'église, celui de la très sainte Eucharistie ainsi décrite : « Or, tandis qu'ils mangeaient, Jésus prit du pain et, après avoir prononcé la bénédiction, il le rompit et le donna à ses disciples en disant : "Prenez et mangez, ceci est mon corps." Puis, prenant une coupe, il rendit grâces et la leur donna en disant : "Buvez-en tous car ceci est mon sang, le sang de l'alliance"... » (Matthieu 26,26.) Par le moyen de la communion christique, communion qui, au demeurant, était fort bien connue des anciens Esséniens, une alliance est réalisée entre le dévot et son Dieu. D'autre part, souvenons-nous que l'expression « sauvé par le sang du Christ » a une réalité purement collective et que, en ce qui concerne l'aspect strictement individuel, ce n'est sûrement pas par le sang du Christ mourant sur la croix que l'homme sera sauvé, mais uniquement par ses efforts en vue d'acquérir la pureté et la vitalité d'un sang par lequel la conscience et la qualité du Christ se manifeste et s'exprime en perfection.

La communion sous les deux espèces (corps et sang) semble signifier que le corps doit devenir le saint réceptacle du sang christique. Ce réceptacle est identifié au temple que Jésus se promettait de reconstruire en trois jours après sa complète destruction (la crucifixion). Il s'agissait ici, non pas du corps physique, mais du corps causal ou corps de l'âme qui, au moment de cet ultime renoncement disparaît, faisant de l'Âme-Personnalité une âme pure, sans aucune identification aux choses terrestres. L'histoire mystique et allégorique nous dit que ce temple a été l'Arche d'Alliance de Moïse, puis le Temple de Salomon ; il fut ensuite terminé et glorifié par les Rose-Croix et les Chevaliers du Temple ; chacun ayant eu la mission d'édifier un temple du Saint-Esprit dans lequel la communion avec Dieu pourrait être réalisée.

Pour les Rose-Croix, le sang de la souffrance et du sacrifice était symbolisé par une croix représentant l'homme physique ou l'incarnation de l'esprit dans la matière. Cependant, par cette vie de souffrances et d'expériences terrestres, s'épanouit à l'intersection des deux branches (symboles des deux grandes forces de la nature, l'actif et le passif) une rose représentant la conscience de l'âme ou Christos intérieur.

Les Templiers ont exprimé cette dualité par la structure même de l'Ordre. Pris dans un sens général, celuici était constitué d'un cercle extérieur, une Milicia dont le but était la protection des pèlerins en Terre sainte ; pour cela l'épée était utilisée sur les champs de bataille, elle protégeait mais répandait toutefois le sang. D'autre part, il existait un cercle intérieur, le noyau des véritables Templiers initiés, c'est-à-dire ceux qui avaient accès au saint des saints du Temple du Saint-Esprit ; là, l'épée était uniquement utilisée dans un but de transmission initiatique. Pour en revenir au Graal, on peut dire que la Coupe représente le corps éthérique, le véritable réceptacle ou temple de l'Esprit. Cette notion de temple identifiable au corps de l'homme a toujours été l'un des plus intéressants concepts permettant, par la loi de correspondance, une approche intérieure de la vérité ésotérique. Ceci a d'ailleurs fait l'objet d'une remarquable étude par Schwaller de Lubicz qui a fort bien fait ressortir l'analogie existant entre le temple de Louxor (1) et le temple de l'homme, mettant en valeur l'étroite relation du physique et du spirituel, ainsi que la décomposition des salles de Louxor et de leurs rapports occultes avec les sept centres de force de l'homme.

Les textes les plus sacrés ont toujours décrété que « le sang, c'est la vie ». Cela se réfère à l'Arbre de Vie dans le jardin d'Eden, c'est-à-dire à une vie végétative

---

(1) Un autre temple en forme de croix fut construit par le grand pharaon Amenhotep IV (Akhenaton). Cette croix avait la même signification que celle que nous avons donnée pour les Rose-Croix. Le temple, actuellement en ruines, est situé sur la cité d'El-Amarna, en Egypte.

et non consciente. C'est de cette existence instinctive que se réclament les races primitives et les êtres non pensants pour qui la vie est surtout en rapport avec la vitalité et la reproduction des corps. Pour les êtres plus avancés, dire que « le sang, c'est la vie » se rapporte à l'autre arbre du jardin d'Eden, celui de la connaissance. Le sang devient ici le symbole de l'existence sensible où s'inscrivent, en plus de la vitalité, la sensibilité et l'émotion. Cette sensibilité permettant à l'âme un champ plus vaste d'expériences se trouve à l'intérieur du sang rouge ; c'est donc en lui que réside la véritable limite entre le règne végétal, alimenté par des nervures de sève, et le règne animal, alimenté par un système sanguin.

Le foie, nous dit-on, est l'organe responsable du désir (éthériquement parlant). Il est d'ailleurs rendu malade par une émotivité excessive. Le foie, à vrai dire, a beaucoup d'importance dans sa relation avec le sang et les deux organes bien connus que sont l'estomac et le pancréas. Le foie possède également des éléments qui permettent la composition des globules rouges ; cependant nous n'entrerons pas dans les détails si ce n'est pour examiner la nature du désir à travers la couleur rouge du sang. La couleur rouge, nous le savons, est d'influence martienne et est assimilée à Mars, la planète de la guerre. C'est une couleur qui brûle et s'échauffe facilement. Dans les moments de colère, le rouge fait souffrir et provoque l'action. Le rouge du sang est attribué à Lucifer qui peut signifier le « porteur de lumière (1) », et, comme nous l'avons vu, le sang est

(1) On se souvient de la légende : Lucifer se battant avec l'ange y perdra la plus belle émeraude de sa couronne (le centre coronal). C'est dans cette émeraude verte, prétend la tradition du Graal, que fut taillée la Sainte Coupe. Cette perte est le symbole d'une humanité ayant perdu le pouvoir du Verbe, et les clés de la Parole. Les chevaliers du Graal sont ceux qui doivent par l'épreuve et le courage retrouver la Coupe pour en boire le précieux contenu.

effectivement le porteur de cette vitalité éthérée et magnétique qui un jour doit être rendue visible, même aux yeux de la chair. Cependant cette lumineuse irradiation magnétique est obscurcie par les sécrétions hormonales des glandes endocrines inférieures et le sang noir voile la lumière. C'est pour cela que Lucifer est devenu le symbole de l'ange déchu de ses droits divins pré-adamiques et le régent de l'humanité (elle aussi déchue).

Lorsque l'homme s'élève en perfection, les glandes endocrines supérieures sécrètent le nectar d'immortalité. La densité magnétique apparaît alors dans le sang et l'âme peut commencer à développer sa conscience à partir de ce temple parfait qu'est le corps éthérique devenu glorieux. On dit à ce propos que le sang rouge-noir foncé représente l'enfer de l'homme et le sang rouge-vermeil son paradis.

XVI.

« En vérité, je te le dis, si un homme ne naît pas d'eau et d'esprit, il ne peut entrer dans le Royaume de Dieu. »

Jésus-Christ.

LES CENTRES ET L'INITIATION

L'initiation et les centres sont des aspects inséparables de l'état spirituel ou psychique vers lequel l'homme se dirige. L'initiation dépend de l'activité normale des centres et ce chapitre trouve sa place ici, alors que jusqu'à maintenant nous nous sommes plus spécialement attachés aux centres en eux-mêmes plutôt qu'aux effets qu'ils engendrent dans la conscience de l'homme, du disciple et de l'initié.

Lorsqu'un disciple s'est dûment préparé et que le maître a fait tinter le son de sa présence, une étroite relation se crée entre les deux, qui ira en s'intensifiant à mesure que l'élève progresse sur le sentier de la vie. Ce contact avec le maître n'est pas forcément perçu objectivement par l'élève. La présence physique n'est d'ailleurs nullement indispensable, car ce n'est pas sur ce plan que la connaissance est transmise. L'une des aides importantes accomplies par le maître envers son élève est d'en vivifier les centres psychiques au moyen du son et de la couleur et de faire en sorte que ceux-ci aient un éveil correct. Lorsque les nadis sont purifiés, le maître peut intervenir pour aider l'élève à travailler correctement sur ses centres et faire en sorte que le feu qui s'élève puisse circuler dans une juste progression géométrique du centre coccygien au centre coronal. L'aide que peut donner un maître aura le plus souvent lieu au cours de la nuit, lorsque le disciple est hors de son corps de chair ou encore durant les périodes de méditation de celui-ci. Lorsqu'un maître admet un disciple dans la périphérie de sa propre aura, celui-ci devient un disciple accepté. C'est uniquement à partir de cet instant qu'un enseignement supérieur et une aide pratique peuvent lui être donnés concernant ses centres afin d'amener ces derniers à une parfaite et puissante vitalisation préparant le disciple à l'initiation.

Voici maintenant ce qui se passe au niveau des centres pendant l'initiation. Il faut tout d'abord se rendre compte que l'essentiel du travail a déjà été accompli par le disciple, que tous ses centres sont en activité et que les quatre centres inférieurs de la personnalité ont déjà commencé à transférer leurs feux aux trois centres supérieurs. L'application du sceptre durant la cérémonie produit des effets précis, tels que l'élévation du feu sacré de la base de l'épine dorsale vers celui des centres qui est l'objet d'une attention particulière, et cela varie avec chaque initié. Le centre en question est alors intensifié et la vitesse du mouvement rotatoire est augmentée. Au cours de l'initiation, certains mots et certaines phrases emplis de pouvoirs, et qui varient avec chaque initiation, sont prononcés et le feu électrique descend dans le cœur puis, de là, dans le sceptre ou vajra, s'il s'agit d'un rite oriental, ou encore dans l'épée, s'il s'agit d'un rite occidental, de l'initiateur vers les deux adeptes entourant l'initiable. Ces derniers reçoivent l'énergie et la font circuler à travers leur propre cœur avant de la retransmettre au nouvel initié, formant de cette façon un triangle de feu parfait. Le hiérophante prononce alors « Le Mot » et la force est ainsi précipitée dans les centres psychiques de l'initié et cela en rapport avec le degré qu'il aura atteint et l'initiation qu'il doit prendre. L'énergie qui est ainsi précipitée descend par les centres du plan mental via ceux du plan émotionnel, pour atteindre enfin les centres éthériques où elle est finalement absorbée.

Comme nous l'avons déjà vu, un centre se compose de trois spirales concentriques qui se meuvent très lentement dans la période où l'homme commence seulement à s'engager sur le sentier du noviciat, puis plus rapidement lorsqu'il s'approche du portail de l'initiation. A ce moment-là, le point de feu latent qui se trouve à l'intérieur du centre psychique est touché par le feu sacré, la rotation s'intensifie alors jusqu'à devenir quadridimensionnelle. Cependant, pour qu'un novice puisse accéder aux toutes premières initiations, que nous pouvons concevoir comme une expansion du pouvoir de l'âme, il faut comme nous l'avons souvent rappelé que par la méditation et la discipline la lumière de l'âme se fonde avec celle du corps vital jusqu'à ce que les atomes physiques eux-mêmes deviennent de minuscules centres rayonnants et cela ne peut arriver avant une harmonieuse collaboration des centres coccygien, cardiaque, solaire et coronal.

Lorsque nous avons parlé de discipline, nous faisions allusion aux quatre centres inférieurs de l'homme que l'on retrouve dans le symbolisme des quatre éléments de tous les systèmes occultes du monde, par exemple le Stupa (au Tibet : Shorten) des bouddhistes, les quatre lettres I.N.R.I. plantées sur la croix du Christ, les quatre évangélistes, ou encore le Sphynx d'Égypte dont nous connaissons tous la devise : vouloir, savoir, oser, se taire, quatre clés donnant accès à la maîtrise des quatre éléments sans laquelle l'initiation ne peut être réalisée.

« *Vouloir*. Ce verbe a trait à l'accomplissement suprême où, par un acte combiné de la volonté de l'âme et de l'homme inférieur, l'unification et la réalisation s'effectuent. Cela touche au centre coccygien.

Savoir. Cela concerne le centre frontal, situé entre les

deux yeux. Un indice se trouve dans la sentence : "Que la Mère connaisse le Père." Cela se rapporte au mariage dans les cieux.

Oser. Ce verbe fait allusion à la subordination de la personnalité, au lien étroit avec le plexus solaire, le grand centre du désir et des forces astrales, mais aussi le centre principal de l'œuvre de la transmutation.

Se taire. Ce verbe concerne la transmutation de l'énergie créatrice inférieure en vie créatrice supérieure. Le centre sacré doit se résigner au silence. » (*Traité sur la Magie Blanche,* Alice A. Bailey.)

Sans oublier, nous fait remarquer le Tibétain, que « vouloir » est la prérogative de l'Esprit, « savoir » la fonction de l'âme, « oser » le devoir de la personnalité, et « se taire » le destin ultime de l'aspect matériel, de la nature animale, dans ses échanges avec l'âme.

XVII.

> « Insensé, ce que tu sèmes ne reprend pas vie si d'abord il ne meurt... Le corps est semé corruptible et il ressuscite. Il est semé méprisable et il ressuscite glorieux. Il est semé infirme et il ressuscite plein de force. Il est semé animal et il ressuscite spirituel. »
>
> Saint Paul.

KUNDALINI ET CENTRES PSYCHIQUES

Il y a actuellement peu à dire sur cette force divine d'une puissance considérable que chacun d'entre nous possède potentiellement en soi. Tout ce qui concerne cette énergie est resté par prudence très secret, car il est dangereux de la manipuler. C'est pourquoi la connaissance de cette force est transmise de maître à disciple et, précisons-le, à des disciples suffisamment avancés dans le travail de purification physique, mental et moral.

Cependant, aux lecteurs désireux d'approfondir cet aspect particulier de l'ésotérisme, nous conseillons, pour une approche intellectuelle, l'ouvrage très érudit d'Arthur Avalon. Quant à nous, nous essayerons ici de formuler quelques indications simples en évitant la terminologie orientale souvent fort complexe pour les européens non familiarisés avec les termes sanskrits.

Kundalini est une énergie localisée dans les profondeurs des dernières vertèbres sacrées (d'où l'origine ancienne et véritable du qualificatif « sacré »). Elle a reçu les noms les plus divers tel que Feu Serpent ou Mère du Monde. Cette dernière appellation lui convient d'ailleurs parfaitement car c'est elle qui vivifie nos différentes enveloppes de matière, de la plus subtile à la plus dense.

La Kundalini Shakti est aussi cette force qui, lorsqu'elle s'anime, se manifeste comme étant l'univers. Kundalini est aussi appelée le pouvoir annulaire ou serpentin à cause de la manière dont elle progresse en s'élevant de centre en centre, c'est-à-dire selon une spirale en perpétuel mouvement. Cette énergie hautement sacrée est un pouvoir occulte de feu électrique associé à l'azote des alchimistes ou à l'Akasha des hindous. C'est uniquement grâce à cette énergie que le monde peut exister et, en dernier lieu, c'est elle la force primitive qui sous-tend toute la matière organique et inorganique.

Ce grand principe divin étant partiellement endormi a besoin d'être éveillé afin de pouvoir s'élever. Cette élévation concerne toute la technique fondamentale des écoles ésotériques, surtout celles d'influence tantrique. Ainsi, selon la croyance habituelle, lorsque cette force s'élève dans le Brahma nadi (à l'intérieur du Sushumna), il s'ensuit une activité accélérée des centres psychiques et les canaux montant et descendant le long de l'épine dorsale sont débarrassés de toute obstruction. Ce processus est dangereux, car il constitue une inversion des faits réels. En fait, ce feu kundalini n'est tout naturellement élevé et conduit vers la lumière dans la tête que lorsque tous les centres sont pleinement éveillés et lorsque les chenaux situés le long de l'épine dorsale sont entièrement libres d'accès. Aussi est-il préférable pour les disciples de s'intéresser aux centres avant tout essai d'élévation de Kundalini.

Selon la tradition ésotérique, la montée de Kundalini a lieu lorsque l'âme agit par le centre coronal et lorsque celui-ci affirme son emprise sur les deux centres, cardiaque et coccygien, en connexion avec le nerf vague. Kundalini subit d'autre part une certaine attraction causée par l'union des trois centres supérieurs (pituitaire, pinéal, alta-major).

A mesure que Kundalini s'éveille, elle accroît continuellement l'action vibratoire, non seulement des centres, mais aussi de chaque atome de matière dans les corps, éthérique, émotionnel, et mental. C'est pourquoi on peut dire qu'elle est le feu de la matière. Lorsque apparaît la lumière dans la tête, Kundalini monte vers le haut en consumant tout ce qui obstrue son passage dans Sushumna et elle vitalise les cinq lotus se trouvant le long de l'épine dorsale, ainsi que les deux centres de la tête. C'est alors que les ventricules du cerveau et les aires vitales deviennent eux aussi actifs et produisent ce que l'on nomme « l'illumination ».

Voici résumés, par le Tibétain, les effets de la montée de Kundalini :

A) Elle agit sur la concentration de la conscience de soi au niveau des trois véhicules inférieurs, l'entraînant de haut en bas, dans une pleine expression et élargissant son contact sur les trois plans, dans les trois mondes.

B) Elle fait descendre de l'esprit triple, de plus en plus du feu de l'esprit, accomplissant pour le corps causal ce qui fait l'ego pour les trois véhicules inférieurs.

C) Elle provoque l'unification du supérieur et de l'inférieur et attire la vie spirituelle elle-même. Quand ceci est fait, quand chaque vie successive voit son accroissement de vitalité dans ses centres, et quand la Kundalini dans sa septuple faculté sensibilise chaque centre, alors le corps causal même se révèle inadéquat pour l'influx de vie venant d'en haut.

Un autre témoignage, celui du Swami Sivananda Sarasvati, nous intéresse car il explique fort justement l'ascension de Kundalini :

« Ensuite, le Yogin s'élève tout le long de la Sushumna, de centre (lotus) en centre. L'ascension a lieu graduellement, grâce à de patients efforts. Même un simple choc à la base de la Sushumna procure un grand Ânanda (béatitude). Vous en êtes comme enivré. Vous en oubliez totalement le monde ! Quand l'ouverturc de la Sushumna est un tant soit peu mise en branle, la force cosmique (Shakti) du « Serpent de Feu » (Kula kundalini) s'efforce de pénétrer dans la Sushumna. Il s'établit alors un grand Vairâgya (esprit de renoncement). Vous deviendrez impavide, vous contemplerez diverses visions. Vous admirerez la splendide lumière intérieure (antarjyotish). Cela s'appelle ''unmaniavasthâ''. Vous obtiendrez différents pouvoirs supranormaux (siddhis), diverses espèces d'ânanda, plusieurs genres de connaissance en contrôlant et en exerçant les divers çhakras.

Si vous avez maîtrisé le Mulâdhârâ chakra (le centre déjà conquis le plan terrestre. Si vous avez maîtrisé le centre situé au niveau de l'ombilic (Manipûra çhakra), vous avez déjà conquis le feu. Le feu ne vous brûlera pas. Les Pancha-dhâranâs (cinq espèces de concentration) vous aideront à conquérir les cinq éléments. Apprenez-les sous la direction d'un maître spirituel (ou gourou) qui soit un vrai yogi ou ascète. » (*La Pratique de la Méditation* de Swami Sivananda Sarasvati, p. 32 — Editions Albin Michel.)

Dans le symbolisme maçonnique, Kundalini peut être identifiée à Chiram, celui-ci étant l'équivalent du feu spirituel remontant à travers les trente-trois degrés (voyez le chapitre sur la colonne vertébrale), ou segments de l'épine dorsale, et qui pénètre dans le dôme de la chambre haute (le crâne), passant finalement dans le corps pituitaire (Isis) où est évoqué Râ (pinéale). Alors seulement le mot sacré et secret est révélé. Moïse est également un exemple type de l'initié parvenu à la Transfiguration résultant d'une élévation de Kundalini au sommet de la tête. C'est cette expérience qui est symbolisée par la vision divine de Moïse au sommet de la montagne. Moïse possède de grands pouvoirs qu'il manifeste par l'intermédiaire de son bâton, symbole de l'activité de Kundalini dans l'épine dorsale, bâton qui, devant les grands magiciens d'Égypte, se transforme en un serpent. Là encore, on reconnait le Feu Serpent. Ainsi Moïse finira-t-il par faire sortir d'Égypte les enfants d'Israël. Il en dirigera les douze tribus (les douze facultés ou lumières dans le cerveau) en levant le serpent d'airain dans le désert. On pourrait aussi parler du caducée d'Hermès, symbole adopté par nos médecins modernes et représentant Kundalini s'élevant avec Ida et Pingala vers la glande pinéale ; les ailes représentent la libération vers les mondes spirituels et bien entendu la libération de toute souffrance ou maladie. Nous trouvons en Inde un grand nombre d'objets ayant une signification identique, qu'il s'agisse du bâton des brahmanes à sept nœuds ou des baguettes portées par les initiés Todas du sud de l'Inde. Nous voyons là encore que le symbolisme est universel.

On ne saurait trop répéter, surtout de nos jours, que bien trop nombreux sont les gourous de l'Inde à prétendre élever ce feu sacré par leur seule présence. De même, peuvent être dangereux dans des mains inexpertes les enseignements livresques cherchant à dévoiler des méthodes pour éveiller le Feu Serpent.

En fait, même la préparation qui précède la pratique d'éveil de Kundalini est fort longue et nécessite patience et courage.

L'énergie de la vie, nous le savons, s'élève naturellement en chacun de nous par Ida et Pingala ; ceci concerne la vie de l'homme moyen jusqu'au disciple. Jusqu'à ce stade, une école initiatique traditionnelle, des ouvrages, des conférences, bref, toutes les études théoriques et pratiques seront largement suffisantes et ne présenteront aucun danger pour l'étudiant. Même une approche solitaire peut être fructueuse. Tout se complique lorsqu'il s'agit d'unir Ida et Pingala et de les fusionner dans la Sushumna. C'est uniquement là qu'un maître est indispensable, car la force qui s'élève ira géométriquement de centre en centre, formant un certain nombre de figures triangulaires. Cependant le circuit que doit prendre Kundalini est différent pour chaque individu selon son stade d'évolution spirituelle et selon l'activité de ses centres. Voilà pourquoi des instructions précises quant au cheminement du Feu Serpent ne peuvent être données que personnellement par un haut adepte ayant lui-même maîtrisé Kundalini, ce qui est au demeurant fort rare.

Aussi, lorsque l'on dit que le maître arrive quand le disciple est prêt, il s'agit d'un disciple qui, à nos yeux, pourrait déjà apparaître comme un très grand initié. Cependant, vis à vis d'un maître, il ne sera qu'un simple disciple. Cela pour nous amener à plus de modestie concernant notre état. Les archives des maîtres de sagesse admettent qu'en restant très optimiste un disciple sur mille est prêt à aborder ce délicat travail, surtout en Occident où la vie moderne et polluée ne se prête guère à l'acétisme rigoureux que se doit d'observer un tel pratiquant.

Rappelons pour finir que Kundalini peut être salvatrice ou destructrice selon le degré de préparation du disciple et le maître Asanga (fondateur du Tantrisme) résume très justement cette prudente préparation :

« Découvrez le serpent de l'illusion à l'aide du serpent de la sagesse et ensuite le serpent endormi montera vers le lieu de rencontre. »

XVIII.

« Vous avez perdu votre vie, disaient-ils, en regardant mes mains vides ; et personne n'entendait le Dieu qui chantait dans mon cœur. »

Louis Cattiaux.

CENTRES DE FORCE ET SACREMENTS DANS L'ÉGLISE

La connaissance de l'homme invisible et de ses rapports avec les centres de force a été depuis la plus haute antiquité la prérogative des prêtres religieux. Il faut cependant reconnaître que l'Orient seul l'a perpétuée jusqu'à nos jours (1). Dans l'église chrétienne ces connaissances, bien qu'oubliées, n'en demeurent pas moins des vérités gardiennes de la sagesse, non soumises à un clergé cristallisé mais reliant d'une façon imperceptible le candidat sérieux et sincère à la force adombrante de l'église chrétienne, le Christ lui-même.

Comme nous avons pu le constater, les centres psychiques de l'homme mentionnés allégoriquement dans tous les textes religieux du monde sont d'une importance essentielle pour celui dont la conscience doit être nourrie par des énergies de nature astrale, mentale et spirituelle émanant et pénétrant ces centres. Il est donc tout naturel que le Christ, dans l'intention de

(1) Exception faite par l'Eglise Catholique Libérale qui a maintenu dans son enseignement la connaissance et la vérité ésotérique enseignée par Jésus-Christ. Pour tout renseignement, s'adresser à Editions Saint-Alban, 169, rue de Rennes, Paris-6e.

maintenir l'égrégore christien au sein de la communauté chrétienne, ait révélé à ses apôtres et disciples des canaux permettant d'établir entre lui et la masse des hommes une communion spirituelle et la possibilité pour les femmes et les hommes de bonne volonté de devenir eux-mêmes des réceptacles de l'amour du Christ et du Christ lui-même. Ceci fut établi par l'intermédiaire des rapports existant entre les centres planétaires macrocosmiques et ceux de l'homme sur son propre plan. Par cette connaissance, il devenait possible à la force spirituelle du cosmique d'être précipitée dans les centres des fidèles, les mettant de cette façon en intime relation les uns avec les autres (communauté), et établissant surtout un lien de lumière avec le Christ Cosmique. C'est donc avec l'aimable autorisation de Monseigneur André Lhote que nous extrayons de ses écrits les informations qui vont suivre et qui traitent des centres et de leurs relations avec certains rites de l'Église Catholique Libérale. Dans l'exemple donné ci-dessous, il s'agit du rituel baptismal.

Le baptême est toujours précédé d'un rite d'exorcisme dont le but est surtout d'amoindrir l'empire des germes du mal venus des existences passées : « A la première onction, la "roue" (çakra) de la gorge ou celle du cœur, ainsi que celle de la nuque (qui à travers la colonne vertébrale commande les autres roues jusqu'à celle du sacrum) sont ointes, puis une large croix est tracée sur le devant du corps du baptisé, sur toute la longueur, et une autre derrière le dos, le pouce étant humecté d'huile des catéchumènes. C'est à ce moment que l'ange gardien est lié au baptisé. »

Puis a lieu le baptême avec l'eau baptismale, eau qui doit couler sur les deux roues du sommet du crâne (2) et du front.

Pour les Catholiques Libéraux, le baptême est une

(2) La tonsure, marque circulaire représentant le çakra coronal, est l'emblème du culte solaire porté au Christ Cosmique.

initiation à un système de grâces institué par le Christ pour le bonheur de son peuple. Il n'est pas considéré comme la condition du salut, mais comme une force mise en jeu pour que le baptisé soit aidé dans sa quête vers Dieu. Après le baptême proprement dit a lieu l'onction de la roue du sommet du crâne et de celle du front avec le saint Chrême. Celle qui est donnée sur le front est considérée comme le signe de la réception dans l'Église du Christ. Mgr Leadbeater, dans « La Science des Sacrements » (Édit. St-Alban), dit que pour le clairvoyant, cette marque avec le saint Chrême est visible sur le corps de vitalité ou corps éthérique.

Dans le sacrement de la Confirmation, les deux centres du sommet du crâne et du front sont utilisés. Le « Veni Creator » ayant été chanté par tous, l'évêque (ministre ordinaire de la Confirmation), tenant la crosse à la main gauche, impose la main droite sur le sommet de la tête du candidat, à l'emplacement de la roue coronale, en disant « Recevez le Saint-Esprit pour le doux parfum d'une vie sainte ». A ce moment, un torrent d'énergie venant du Troisième Aspect du Divin qui est l'Architecte du Cosmos, descend par la « porte d'entrée » de la roue coronale et pénètre jusqu'au germe du Saint-Esprit intérieur qui demeure dans l'Esprit de l'homme, et le stimule et le vivifie. Puis, l'évêque prend du saint Chrême et trace un signe de croix à l'emplacement de la roue du front en disant. « Je vous marque du signe de la croix + et vous confirme du Chrême du salut au nom du + Père, du + Fils et du + Saint-Esprit, Amen. » Le saint Chrême est de nouveau employé, ce qui « confirme » ce qui a été fait au baptême, à la réception dans l'Église.

Le signe utilisé sur le front n'est pas sans nous remettre en mémoire que les Élus dans l'Apocalypse seront marqués au front, que c'est également sur ce centre que le templier recevait le souffle et une certaine imposition. Même chose dans le rituel de la Maçonnerie égyptienne du Comte de Cagliostro, ou dans les écoles plus récentes comme le Martinisme par exemple. Au Japon, au sein de la secte ésotérique SHINGON, l'initiable, après une onction sacrée, est symboliquement opéré de l'ignorance avec une baguette d'or (japonais : Konchu) dirigée vers le centre frontal. Cela provoque sur le plan éthérique une importante stimulation de l'Ajna. En Inde et au Tibet, la même opération a lieu, mais avec l'aide d'un Vajra (sceptre).

Dans l'Église chrétienne des premiers temps, les sacrements étaient de véritables initiations. Celles-ci sont au nombre de trois et correspondent à l'entrée d'un candidat dans l'ordre des ordinations majeures. Ces ordinations sont précédées de six ordres mineurs qui ont pour but essentiel d'entraîner et de préparer le clergé aux fonctions mineures au cours des cérémonies, et surtout à devenir de sérieux candidats aux ordres majeurs. Selon Mgr André Lhote, il se passe dans l'ordre du diaconat (qui est le premier ordre majeur) une opération subtile comparable à une opération chirurgicale (pour reprendre les termes de Mgr Leadbeater) : Au moment où l'évêque, tenant sa crosse de la main gauche, place l'autre main sur le sommet de la tête du candidat en disant « Recevez le Saint-Esprit pour le travail de diacre dans l'Église de Dieu », la force qui vient du Saint-Esprit pénètre à travers la roue (çakra) du sommet de la tête et l'élance, imprimant dans l'être de celui qui la reçoit une transformation irréversible. Le lien entre la personnalité et le mental supérieur est considérablement renforcé, et un lien direct est établi entre le mental supérieur et l'intuition. Mgr Lhote précise que c'est à ce degré qu'un lien avec le règne angélique est créé, permettant de coopérer avec ces êtres glorieux.

Dans le deuxième ordre majeur, c'est-à-dire celui de la prêtrise, les étapes de l'ordination se déroulent de cette façon : « Après le chant des litanies, les bénédictions sur les véhicules de conscience du candidat ayant été données par l'évêque comme pour les deux ordinations précédentes, celui-ci procède à la première impositions des mains, en silence. Ce faisant, il *veut,* que cet homme devienne un prêtre du Christ. La force du Christ se déverse par ses mains, il a posé les deux mains sur le sommet de la tête du candidat. Cette force opère de grandes transformations, établissant un nouveau lien permanent entre l'intuition et la volonté spirituelles tandis que le canal créé entre la personnalité et le Soi spirituel est encore élargi. Puis, a lieu le chant du "Veni Creator", et l'évêque posant les deux mains sur la tête du nouveau prêtre dit : "Recevez le Saint-Esprit pour le travail et l'office d'un prêtre dans l'Église de Dieu." Puis, une prière avec le signe de croix tracé devant le nouveau prêtre élargit la voie entre le cerveau physique et les véhicules supérieurs de conscience, et c'est alors que les fonctions du prêtre, dont le pouvoir de consacrer le pain et le vin en Corps et Sang du Christ, lui sont conférés ainsi que le pouvoir d'absoudre. Lorsque le prêtre a été revêtu des ornements sacerdotaux insignes de son ministère (étole sur les deux épaules, chasuble) a lieu la cérémonie de l'onction des mains avec l'huile des catéchumènes. L'évêque oint et bénit les mains du prêtre selon un rite approprié, et l'essentiel de la cérémonie est terminé. A la seconde imposition des mains, un lien direct est établi entre le « corps intuitionnel » du prêtre et le mental supérieur. L'onction des mains et leur bénédiction est omise dans l'Église orientale. »

« La plénitude du sacerdoce est réalisée par la consécration épiscopale. L'évêque consécrateur et éventuellement ses assistants tracent d'abord un, puis deux, puis trois signes de croix au-dessus du candidat. Ces signes ont la même signification que pour les autres ordres majeurs : préparer le candidat, esprit, âme et corps, au déversement d'énergie qui va être opéré. Après le chant du "Veni Creator", les évêques consécrateurs placent leurs deux mains sur le sommet de la tête du futur évêque, et la phrase la plus solennelle de la liturgie catholique est prononcée : "Recevez le Saint-Esprit pour le travail et l'office d'un évêque dans l'Église de Dieu." Le déversement de force est prodigieux. "Au nom du + Père, et du + Fils et du + Saint-Esprit, Amen" terminent les consécrateurs.

Le lien entre le mental supérieur et le « corps d'intuition » est encore renforcé, et ce véhicule de conscience est directement rattaché au germe de Dieu le Fils présent dans l'esprit humain. Le lien entre l'intuition et la volonté spirituelle est encore renforcé.

Puis a lieu une importante cérémonie, omise dans l'Église orientale : le sommet de la tête du nouvel évêque est largement oint avec le saint Chrême, l'onction se faisant dans le signe positif, c'est-à-dire le sens des aiguilles d'une montre. Cette onction consacre définitivement la roue du sommet du crâne, de sorte qu'elle devient prodigieusement plus active que par le passé. Les principes de la volonté spirituelle et de l'intelligence sont exaltés et brillent merveilleusement. Les trois germes de la Trinité dans l'esprit humain sont directement reliés les uns aux autres. A cause de cela, l'Évêque peut faire rayonner dans son corps causal le pouvoir de la Trinité Immanente.

Cette belle cérémonie est complétée du fait que les mains du nouvel évêque sont ointes avec le saint Chrême et consacrées par les évêques consécrateurs. Cette cérémonie est également omise dans l'Église orientale. Il y a encore bien des cérémonies de mises en rapport avec les divers instruments de fonction, mitre, crosse, croix pectorale. »

Les couleurs sont également extrêmement importantes dans les cérémonies. Elles ont pour but d'harmoniser les pensées de ceux qui participent aux cérémonies avec l'intention particulière de celles-ci.

« Le blanc est utilisé dans les fêtes de joie de l'Église. Le vert symbolise l'influence de la nature sur la croissance de l'âme. Le rouge est la couleur du sacrifice joyeusement consenti, la couleur du Saint-Esprit et de son influence sur la croissance de l'âme. Le violet est la couleur de la purification ; on l'utilise aussi pour cette raison dans les cérémonies pour les défunts (1). » Remarquons également que les couleurs étant les manifestations d'états psychiques influent sur les centres de force des officiants pendant la cérémonie et que l'utilisation consciente des couleurs peut permettre au prêtre ou à l'évêque d'aider considérablement les fidèles. Nous ne donnerons qu'un seul exemple : il concerne deux couleurs dont le but permet d'accorder et d'harmoniser le centre laryngé et le centre frontal ; ces deux couleurs sont le violet et l'or. De même que la loi du rythme fut utilisée dans l'église primitive, de même les fidèles, par l'emploi du mouvement du corps pendant certaines psalmodies, parvenaient à aligner les trois véhicules inférieurs avec l'âme. Lorsque cet alignement était associé à une intense aspiration, il en résultait une précipitation de la force d'en haut avec, pour conséquence, la vivification des trois centres majeurs, réalisant ainsi un certain degré d'illumination.

Un quatrième sacrement fait usage des diverses portes d'entrée que sont les « roues ». Ce sacrement est celui de l'onction. On peut considérer ce sacrement comme destiné à nous transmettre une partie des merveilleux pouvoirs de guérison du Christ. Ce sacrement, qui est un sacrement de guérison, a été détourné de son but ordinaire par l'Église traditionnelle qui en a fait le sacrement des mourants. Dans cette perspective, on priait Dieu de pardonner au mourant toutes les fautes qu'il avait faites avec les divers organes des sens. L'onction au mourant avait aussi un but moins évident qui était d'empêcher toute entité indésirable d'animer de façon illégitime le corps du défunt, les centres de force étant en quelque sorte scellés.

Dans son épître générale, saint Jacques a fourni le plan qui est suivi par le rituel du service d'onction aux

---

(1) Mgr André Lhote, *Catéchisme des enfants de l'ère atomique*, Éditions Saint-Alban, 4, square Rapp, Paris-7e.

malades de l'Église Catholique Libérale. Si l'onction d'huile (il s'agit évidemment d'huile sainte) est mentionnée dans l'épitre de saint Jacques, les emplacements où cette onction doit avoir lieu ne sont pas mentionnés. En administrant l'onction — le patient ayant préalablement reçu l'absolution et ayant été exorcisé — le célébrant oint d'abord le front, puis le sommet de la tête, la gorge et enfin le cou du patient. Cette dernière onction, on l'a vu à propos du baptême, permet d'atteindre les centres inférieurs, à travers les canaux de la moëlle épinière sans avoir à les toucher directement, ce qui serait impraticable même en privé.

Nous pouvons, pour finir ce chapitre, faire une intéressante comparaison entre les trois ordres majeurs et les trois nadis supérieurs : le diaconat pourrait être considéré comme une vivification de Ida nadi, la prêtrise comme celle de Pingala nadi, et l'épiscopat comme celle de Sushumna nadi.

XIX.

« Nul ne sera instruit s'il ne cherche l'instruction, nul ne sera guéri s'il ne cherche la guérison, nul ne sera sauvé s'il ne cherche la régénération. »

Louis Cattiaux.

LES CENTRES ET LA GUÉRISON

Comme nous venons de le voir précédemment, la guérison dans la religion est l'une des actions les plus belles et les plus utiles. La guérison est avant tout un acte d'amour envers ceux qui souffrent ; c'est aussi la perception d'une désharmonie à laquelle on cherchera par tous les moyens à remédier afin d'inclure les unités séparées dans l'unité de l'harmonie cosmique universelle. La maladie ou la désharmonie peuvent avoir comme cause profonde le karma ; elles dépendent aussi de causes extérieures comme les épidémies. Cependant la plupart des maladies ont pour germe les centres psychiques qui sont dans la majorité des cas apathiques ou hyperstimulés. L'activité correcte des centres est absolument indispensable pour que s'exprime en harmonie le corps physique et cela sous différentes formes telles que idées nouvelles, inspiration divine, service humanitaire ou de guérison. Jésus-Christ, dit-on, était un essénien-thérapeute ; il était en tout cas un guérisseur qui sut utiliser harmonieusement toutes les techniques qu'elles soient terrestres (naturopathie), astrales (foi), mentales (suggestions, visualisation, etc.), ou qu'elles émanent des aspects les plus hauts de la Conscience Cosmique à laquelle il avait accès. Les initiés du monde entier connaissent (sans toujours pouvoir la pratiquer) la manière d'opérer des cures dites miraculeuses qui ne sont en définitive que l'expression de formules, de lois et de règles dont le but principal est réalisé par la connaissance exacte des qualités des centres et de leurs relations réciproques avec l'ensemble des organes du corps physique.

Il existe plusieurs façons de guérir. Nous resterons cependant dans le sujet qui nous intéresse, celui des centres, sans malheureusement pouvoir nous étendre trop longuement. Il était toutefois nécessaire d'aborder ce sujet en raison de l'étroite relation existant entre la santé physique, l'harmonie spirituelle et les centres psychiques.

Lorsque l'homme est parvenu à un haut degré d'évolution spirituelle et de maîtrise de soi, et si sa note le pousse vers le service de guérison, il peut être à même d'utiliser à volonté ses propres centres ; pour cela, il utilisera certaines parties de son corps selon la cure envisagée ; ce pourra être sa pensée, ses yeux, sa parole, ou ses mains. Ces dernières nous intéressent particulièrement car elles représentent les premiers stades d'expérimentation du guérisseur. On gardera à l'esprit qu'il existe dans chaque creux de la main un centre mineur qui peut devenir extrêmement actif chez les initiés avancés. C'est ainsi que Jésus-Christ de façon concrète autant qu'allégorique guérit l'aveugle-né :

« Prenant l'aveugle par la main, il le conduisit hors du bourg. Après lui avoir craché (symbole du Verbe) sur les yeux et lui avoir imposé les mains, il lui demandait : "vois-tu quelque chose ?" Et l'autre qui commençait à voir de répondre : "J'aperçois les gens, c'est comme si c'était des arbres que je vois marcher." » (Saint Marc 8,23.)

Dans ce cas bien particulier, le maître Jésus semble utiliser la guérison magnétique. Pour réaliser cette cure, un homme doit être capable d'unir son âme, son cerveau, son cœur et ses mains. La force s'écoulant par les mains (qu'il s'agisse du centre de la paume ou des doigts) vient des deux centres de la rate et du cœur.

Il existe également la guérison par radiation. Dans ce cas précis, le guérisseur doit unir à son âme, le cerveau, le cœur et sa sphère aurique. Ici, les mains ne sont plus nécessaires ; seule l'aura opère les guérisons. C'est à cela que se réfère la Bible lorsqu'elle dit : « L'ombre de Pierre passant à proximité guérissait chacun d'eux. » (Actes V,15.)

La connaissance et l'application de ces lois de guérison ne peuvent cependant pas être efficaces avant que le guérisseur n'ait atteint un très haut degré de pureté morale dans sa vie quotidienne et qu'il ait d'autre part développé en lui cet amour qui est la clé de toute véritable réussite dans ce domaine. Sa sensibilité devra être telle que son diagnostic sera sûr et que le mal sera immédiatement reconnu et localisé. Ceci ne peut être obtenu avant que le centre cardiaque ne soit normalement actif. De plus, la clairvoyance est une aide très précieuse que la race développe progressivement.

Comme nous pouvons l'imaginer aisément, le travail du guérisseur occulte s'adresse à la connaissance de ses propres centres et de ceux du malade. Il est donc important pour lui de savoir concentrer l'énergie nécessaire dans le ou les centres du malade les plus proches du foyer où se localise la maladie. En effet, le centre malade est réceptif grâce au centre correspondant dans le corps du guérisseur. La technique est relativement simple : elle consiste tout d'abord à s'approprier la substance éthérique cosmique, ou prana solaire, qui baigne l'espace et les êtres, puis à en diriger la force vers le centre intéressé. On doit alors chercher avec amour et surtout sans faire intervenir la volonté à faire pénétrer l'énergie vers la glande endoctrine correspondante ou dans la région malade. Puis, on expulse toute l'énergie ainsi concentrée à l'extérieur du corps. Cette purification précède toujours l'autre partie de la cure où il s'agit, non plus de purifier ou nettoyer le siège du mal, mais de vivifier les organes lésés en remettant en activité la partie correspondante du corps éthérique et des nadis. Il existe de nos jours de très nombreuses maladies dont la cause véritable est à rechercher au niveau des centres psychiques, le cancer en est un exemple. L'avenir est cependant proche où, par la reconnaissance de l'existence des centres, les maladies finiront par être en grande partie guéries.

XX.

« De l'irréel, conduis-nous au Réel, de l'obscurité, à la Lumière, de la mort, à l'Immortalité. »

Yajur Veda I, III,28.

LES CENTRES DANS L'APOCALYPSE DE SAINT JEAN

Les centres étant dans l'homme ce qui le met en harmonie avec toutes choses dans l'univers ont des correspondances qui elles aussi sont tout naturellement universelles. Les Rose-Croix ont souvent mentionné dans leurs écrits anciens la nature des sept centres majeurs, que ce soit par l'intermédiaire de sept roses ou tout simplement en se référant aux sept étoiles de l'Apocalypse. Pour qui appréhende l'identité exceptionnelle de Jean, il ne fait aucun doute que son Apocalypse reste au sein de la Bible l'enseignement le plus ésotérique qui puisse être donné au monde occidental. Sous la forme voilée du symbolisme, cet enseignement, que certains affirment être kabbaliste, renferme des connaissances se rapportant à l'histoire de l'homme aussi bien qu'à sa nature invisible et spirituelle. Il n'est pas seulement prophétique mais explique très clairement le sentier que le disciple doit suivre pour parvenir à la stature du Christ. Bien entendu, le texte dans cet objectif ne pouvait pas omettre de mentionner la présence des sept lumières dans l'homme qui lui ouvrent les portails de la révélation.

On se souvient du tout début de l'Apocalypse où il est question du jugement des sept églises, chacune se voyant octroyer par le Christ glorifié une certaine récompense. Ces sept églises sont les étapes évolutives allant du disciple le moins élevé jusqu'au Père lui-même. Il est aussi question de sept étoiles dont la correspondance se trouve dans les sept planètes sacrées, ainsi que dans les sept centres dans la tête de l'initié. Chaque récompense offerte aux églises semble se référer à une initiation cosmique précise que l'on pourrait sans doute assimiler aux crises du maître Jésus-Christ, c'est-à-dire la naissance, le baptême, la transfiguration, la crucifixion, la résurrection, l'élévation, et une autre crise qui n'est pas nettement mentionnée dans la Bible. Chaque initiation illumine l'un des centres spirituels, élevant progressivement l'initié vers la divinité et la réintégration finale.

Voici donc les correspondances. On observera attentivement ce qui est promis aux églises car c'est là que résident les clés les plus importantes de l'Apocalypse et chacun y trouvera l'occasion de fructueuses méditations.

• A l'église d'Ephèse qui signifie « désirable », il est promis : « Au vainqueur, je ferai manger de l'arbre de vie placé dans le paradis de Dieu. » Les êtres de cette église, c'est-à-dire ceux qui ont atteint ce niveau d'évolution intérieure, sont particulièrement influencés par le centre coccygien.

• A l'église de Smyrne qui signifie « amertume », il est dit : « Le vainqueur n'a rien à craindre de la seconde mort. » Cela se rapporte au baptême mystique dans le Jourdain. Cette église correspond au centre sacré.

• A l'église de Pergame, qui signifie « élévation », il est dit : « Au vainqueur, je donnerai de la manne cachée, je lui donnerai aussi un caillou blanc, un caillou portant gravé un nom nouveau que nul ne connaît, horsmis celui qui le reçoit. » Cette église correspond au centre solaire et à la transfiguration.

• A l'église de Thyatire, qui signifie « encens broyé », il est dit : « Le vainqueur, celui qui restera fidèle à mon service jusqu'à la fin, je lui donnerai pouvoir sur les nations. C'est avec un sceptre de fer qu'il les mènera comme on fracasse des vases d'argile ! Ainsi moi-même j'ai reçu ce pouvoir de mon Père, et je lui donnerai l'étoile du matin (Vénus). » Cette église est reliée au centre cardiaque et à la crucifixion.

• A l'église de Sardes, qui signifie « chant de joie », il est dit : « Le vainqueur sera revêtu de blanc et son nom, je ne l'effacerai pas du livre de vie, mais j'en répondrai en présence de mon Père et de ses anges. » Cette église correspond au centre laryngé et à cet état d'être spirituel qui est l'attribut d'un maître cosmique ou d'un libéré de tout ce qui est humain.

• A l'église de Philadelphie, qui signifie « amour des frères », il est dit : « Le vainqueur, je le ferai colonne dans le temple de mon Dieu, il n'en sortira plus jamais et je graverai sur lui le nom de mon Dieu, et le nom de la cité de mon Dieu, la nouvelle Jérusalem qui descend du ciel de chez mon Dieu, et le nom nouveau que je porte. » La référence à la colonne dans le temple de Dieu est une allusion à peine voilée de l'état d'élévation de la force Kundalini à travers Sushumna nadi. Un être parvenu à ce degré de réalisation est un membre à vie de la Hiérarchie Céleste appelée dans les écrits sacrés « La Grande Loge Blanche ». Le texte la nomme ici la nouvelle Jérusalem. La Hiérarchie dans l'homme a sa correspondance dans le centre frontal et celui-ci est en relation avec cette église.

• A l'église de Laodicée, qui signifie « peuple juste », il est dit : « Le vainqueur, je lui donnerai de prendre place auprès de moi sur mon trône, comme moi-même, après ma victoire, j'ai pris place auprès de mon Père sur son trône. » Le Père est le but ultime, le point de réintégration finale identifié dans l'homme à sa monade, dans laquelle Bouddha atteignit le nirvana. Cet instant est celui où toutes les Séphiroth (émanations) de la Kabbale sont réabsorbées dans l'éternel. Ce dernier stade de l'évolution est bien entendu en rapport avec Kether (La Couronne), la plus élevée de toutes les émanations. Cette couronne est identique au centre coronal, ce divin trône où un jour l'homme aura lui aussi le privilège de prendre place.

Après cette mention des sept églises (ou puissances angéliques créatrices), l'Apocalypse se réfère aux préliminaires du grand jour de Dieu, et surtout à quatre vivants constellés d'yeux (omniscience) que nous identifions aisément aux quatre seigneurs du karma des traditions d'Orient dont la mission est de distribuer avec sagesse-amour et équité les épreuves karmiques à l'individu autant qu'aux nations ou à l'humanité. Chaque seigneur est en harmonie particulière avec une planète et son régent divin, le soleil (Michel), la lune (Gabriel), Mercure (Raphaël), Vénus (Uriel).

Ensuite, le texte nous parle du Christ brisant les sept sceaux ou les sept épreuves préparant sa venue.

Notre but n'est pas ici de faire une interprétation de l'Apocalypse, cependant quelques explications s'imposaient pour en arriver au verset où d'intéressantes explications sont données concernant les centres et leurs pétales (Ap. 7,3).

Ce verset précise qu'avant de malmener la terre, les serviteurs de Dieu doivent être marqués au front (centre Ajna), et que 144 000 seront de cette façon sauvés du cataclysme. Bien entendu, on aura tout de suite compris qu'il s'agit là d'un nombre symbolique qualitatif et non quantitatif. En effet, lorsque l'on additionne les cinq centres inférieurs, nous obtenons un total de 48 pétales, en ajoutant les 96 pétales des deux lobes du centre frontal nous obtenons le nombre 144, symbole de l'œuvre spirituelle accomplie et manifestée, c'est-à-dire le fameux mariage dans les cieux entre l'âme et sa personnalité. Si maintenant on multiplie 144 par les mille pétales généralement reconnus au centre coronal, on obtient 144 000, nombre des élus de l'Apocalypse, élus car ils auront éveillé en eux toutes les forces spirituelles manifestées par l'activité des 144 000 pétales, et se seront élevés au niveau de conscience de la septième église où ils pourront eux aussi prendre place dans le centre coronal et faire dès lors partie intégrante du peuple juste de l'église de Laodicée.

XXI.

> « Il y aura là une voie que l'on appellera sainte. Nul impur, n'y passera... Ceux qui la suivront, les simples mêmes, ne s'égareront pas. »
>
> Isaïe

LES SÉPHIROTH ET LES CENTRES

Kabbale : ce mot a plusieurs significations. Nous retiendrons la plus courante qui est celle de « tradition ». On dit que la Kabbale est d'origine juive. Il s'agit bien entendu de sa forme actuelle car, en essence, la Kabbale remonte à l'Égypte ancienne, voire aux plus lointaines traditions indo-aryennes. Elle est un système métaphysique particulièrement centré sur l'ontologie et la création. Elle traite des relations de l'homme avec la Cause Initiale ainsi qu'avec les puissances et les forces de l'univers.

Les fondements de la pensée kabbalistique reposent sur l'explication que la création est une série d'émanations ou de concentrations du pouvoir divin. La façon dont ces émanations firent leur apparition a donné naissance à un archétype constitué de trois piliers que l'on assimile à Sushumna nadi entouré de Ida et Pingala. Le Sepher Yetsirah, l'un des plus profonds livres de la Kabbale, désigne cette série d'émanations divines sous le nom d'éclairs lumineux :

« L'apparition des dix sphères hors du néant est comme un éclair sans fin. Sa parole est à elles quand elles vont et reviennent ; elles se déplacent par Son ordre comme un tourbillon et s'humilient devant Son trône. » (Chapitre I, § 5.)

Ces dix sphères tourbillonnantes ou émanations sont appelées Sephiroth. Il en existe dix (nombre de perfection) que nous retrouvons en Orient dans la doctrine hindoue des dix émanations de Vishnou, les dix avatars. C'est dans le nombre des Sephiroth et leurs combinaisons que l'on peut trouver tout le développement de la personne humaine et de ses attributs divins. En d'autres termes, la nature divine a une valeur numérique et ses pouvoirs peuvent être à nouveau rendus manifestes par la prononciation de certaines lettres (mantra) agissant sur nos plexus nerveux et développant parallèlement les çakras qui leur sont associés. Cela est vérifié par le célèbre adage hermétique : « Tout ce qui est en haut est comme ce qui est en bas. » Chaque Sephirah est donc en rapport avec un centre psychique de l'homme. Ainsi nous trouvons trois Sephiroth supérieures divines qui sont : KETHER, HOCHMAH et BINAH, suivies de sept Sephiroth inférieures formant les sept jours de la création. Dans le corps humain, les Sephiroth sont représentées par les çakras ou centres psychiques. Ainsi la Kabbale développe les centres de l'homme par un système de méditation sur le symbolisme de chaque Sephirah.

Nous allons essayer, je dis bien essayer ! de présenter un ensemble de correspondances tout en restant très prudent car, dans le monde des émanations divines comme dans celui des courants d'énergie de nos centres psychiques, le statique n'existe pas et tout est en perpétuel mouvement. Il faut donc éviter de commettre l'erreur consistant à concrétiser à l'excès des notions abstraites ou de rendre fixes des énergies soumises à un rythme incessant. Le tableau présenté ne sera donc qu'une hypothèse de travail qui n'aura de valeur que si elle est soumise à votre réflexion et à votre méditation. Etant donné que nous voguons dans un univers relatif, les correspondances seront elles aussi relatives. Je ne donnerai qu'un exemple, celui des influences planétaires :

Les centres psychiques aussi bien que les Sephiroth subissent fortement les influences planétaires. Voici donc une première série de correspondances entre un centre psychique et une planète :

— Chez l'homme moyen, le centre coronal est influencé par Pluton, le centre frontal par Vénus, le centre laryngé par la terre, le centre cardiaque par le soleil, le centre solaire par Mars, le centre sacré par Uranus et le centre coccygien par Pluton.

— Chez un disciple avancé ou encore un initié d'un certain degré, toutes ces correspondances changent : en prenant le même ordre, nous trouvont alors Vulcain, Vénus, Saturne, Jupiter, Neptune, Uranus et Pluton.

Le fait que notre représentation veuille rester hypothétique s'explique aisément lorsque l'on sait que Dion Fortune dans sa *Cabale Mystique* nous fait observer qu'à sa connaissance les deux seuls écrivains ayant tenté d'établir une corrélation entre centres psychiques et Sephiroth sont Crowley et le Général J.F.C. Fuller et que, à l'étude de la littérature de ces trois érudits de l'occulte, on s'aperçoit qu'aucun d'eux n'est d'accord sur ces fameuses correspondances. Peut-être ce désaccord est-il dû à une connaissance limitée des çakras car, du temps de ces écrivains, peu de chose avait été consigné dans des écrits.

Nous allons donc décrire brièvement chaque Sephirah, mais il appartient au lecteur d'accepter ou non la correspondance faite avec un çakra du corps.

Kether

La première Sephirah émanée du Néant (Ain Soph) se nomme Kether, « la Couronne ». Elle se rapporte au centre universel dont tous les autres centres émanent et peut être identifiée à la monade. C'est le lieu d'unité où les éléments trouvent leur origine et leur salut. Son éclat est aveuglant et la conscience qui pénètre dans cette Sephirah disparaît à jamais du monde humain. Les bouddhistes associent cette expérience au Paranirvana. Le symbole de Kether est un point dans un cercle et est appelé « l'ancien des jours ». La planète qui y est associée est Sirius, et l'ordre angélique qui lui est associé est composé des saintes créatures vivantes Shaloth Ha Qadesh. Le nom de Couronne donné à Kether suggère bien entendu le centre coronal dont la force est manifestée dans le microcosme humain par Sushumna nadi.

Hochmah

« La Sagesse » est la seconde Sephirah. Elle émane de Kether et donnera naissance à Binah. Hochmah se trouve à la tête du pilier droit qui est appelé « pilier de miséricorde ». Cette émanation est de polarité masculine par rapport à Kether qui synthétise en elle-même les deux polarités sous la forme d'une unité potentiellement androgyne. On donne souvent à Hochmah le nom de Abba (Père). C'est à partir de cette Sephirah, unie à Binah qui est féminine, que naîtront les cycles, les temps et les périodes, en un mot les existences alternées en phases actives et passives. Hochmah ainsi que Kether ne sont pas en manifestation et restent donc sur leur propre plan ; elles adombrent l'univers de leur qualité respective. Hochmah est l'aspect mâle de Kether : la Kabbale lui donne du reste l'apparence d'un mâle barbu, par opposition à Binah, la prochaine Sephirah, qui est l'aspect féminin de Kether représenté sous l'apparence d'une matrone. Toutes les Sephiroth sont soit positives, soit négatives, et le parfait équilibre des polarités une fois manifestées se fera en Tiphereth.

L'ordre angélique correspondant à Hochmah est celui des Auphanim (les roues), et le zodiaque lui est attribué. C'est le centre Ajna qui lui correspond et qui est manifesté dans le microcosme humain par Pingala nadi.

Binah

« L'intelligence « est la troisième Sephirah. Elle est féminine et a sa place à la tête du pilier de gauche appelé « rigueur ». Elle correspond à l'intelligence sur le plan archétypal et à Ida nadi dans le microcosme humain. C'est le grand tourbillon de l'énergie féminine primordiale, c'est pourquoi on lui donne des noms tels que : la sombre Mère stérile, la grande Mère, Marah, Ama, etc. Le Zohar écrit : « De là, la Sagesse — la Sephirah, et le commencement du développement — quand elle procéda du Saint-Ancien, s'exprima en mâle et femelle, car la Sagesse se déploya et l'Intelligence, la troisième Sephirah, procèda d'elle, et ainsi nous avons obtenu le mâle et la femelle, à savoir la Sagesse le Père et l'Intelligence la Mère, de l'union desquelles émaneront successivement les autres couples de Sephiroth. » L'ordre angélique attribué à Binah est l'Aralim (Trônes) et sa planète est Saturne.

Ces trois émanations supérieures correspondent à la triade du monde divin. Elles sont l'archétype de la trinité connue comme Dieu le Père (Kether), Dieu le Fils (Hochmah), Dieu le Saint-Esprit (Binah).

Entre ces trois Sephiroth supérieures et les autres Sephiroth de l'arbre se trouve ce que les kabbalistes appellent un abîme qui sépare le microcosme du macrocosme ou, en termes plus simples, l'homme de son Dieu. C'est souvent dans cet abîme que se place une Sephirah invisible nommée *DAATH* qui pourrait bien être ce pont appelé en Orient Antakharana qui unit la personnalité humaine au divin par l'intermédiaire de l'Alta-Major et d'un centre situé dans le cervelet. Cela semble correspondre assez bien à ce que dit Dion Fortune sur cette Sephirah :

« Daath, la mystérieuse, l'invisible Sephirah, qui n'est jamais marquée sur l'arbre, est associée, dans le système occidental, avec la base du cou, le point où l'épine dorsale rencontre le crâne, celui où le développement du cerveau eut lieu chez nos premiers ancêtres (1). »

Cela est très important et peut être une clé.

Les textes de la Kabbale font ensuite mention de sept Sephiroth représentant les sept jours de la création et qui seraient la manifestation visible et concrète des sept centres psychiques (2).

Les trois émanations supérieures appartenant à la triade divine restent au-delà de l'abîme pour l'homme ou l'initié moyen. Aussi ne traiterons-nous que du reflet terrestre de ces sept çakras dont quelques explications ont été données au tout début de l'ouvrage. Comme le dit encore justement Dion Fortune : *Hesed,* la première Sephirah de l'univers manifesté, représente l'expression de l'idée archétype, la concrétisation de l'abstrait. On considère donc généralement que Hesed est la manifestation dans l'homme du grand principe divin, de Kether. Hesed est par conséquent l'expression visible du Logos. La Kabbale la représente sous la forme d'un puissant roi couronné assis sur son trône. Le couronnement nous rappelle le centre coronal, cependant il faut plutôt y voir ici son extériorisation physique, la glande pinéale.

Si nous suivons maintenant la descente de l'éclair,

---

(1) Dion Fortune, *La Cabale mystique,* Éditions Adyar.

(2) Dion Fortune mentionne dans sa Cabale mystique que Fuller assimile le centre coccygien à Malkuth et le centre sacré à Yesod, alors que Crowley assimile ce dernier à Hod. Crowley attribue à Tiphereth les centres solaire et cardiaque, alors que Fuller les identifie à Geburah et Hesed. Puis, Crowley assimile Binah au centre laryngé et la glande pinéale à l'Ajna, ce qui est une erreur puisque la pinéale est reliée au centre coronal. Pour Crowley enfin, pinéale et thyroïde unissent leurs fonctions en Daath, ce qui paraît difficile à concevoir.

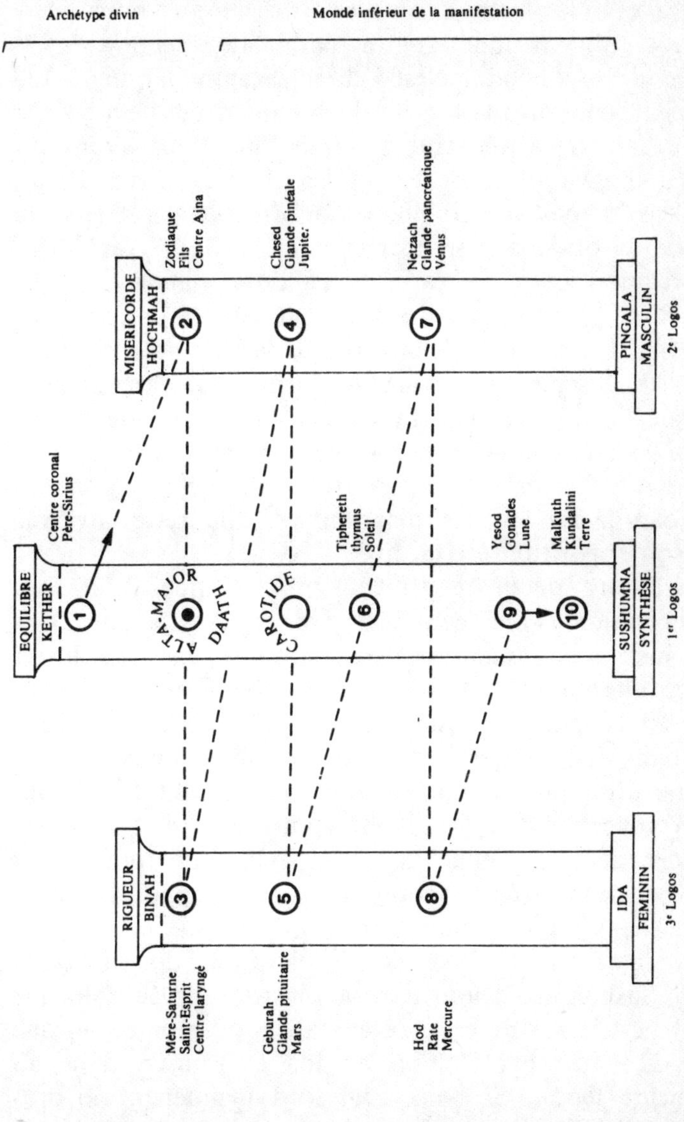

TABLEAU HYPOTHÉTIQUE DES GLANDES ENDOCRINES ET DES SEPHIROTH

nous parvenons à *Geburah,* Sephirah féminine symbolisée par la glande pituitaire.

Puis nous arrivons à *Tiphereth,* le cœur et nous apercevons qu'il manque une Sephirah représentant le 3e aspect de la divinité, c'est-à-dire le centre laryngé situé dans la Sephirah maternelle de Binah. C'est peut-être là que Daath a sa véritable signification. Nous avons dit que l'Alta-Major avait toutes les chances d'être Daath et nous savons que l'Alta-Major est extériorisé par la glande carotide qui se trouve dans le bulbe rachidien. La relation entre la carotide et cette glande thyroïde que nous n'avons pas trouvée peut être résumée ainsi : il existe trois glandes majeures dans l'homme formant chez le disciple un triangle formé par les glandes pinéale, pituitaire et thyroïde ; chez un adepte, la thyroïde est remplacée par la glande carotide (contrôlée par l'Alta-Major). Voila pourquoi la Sephirah Daath n'apparaît pas sur les diagrammes, elle reste invisible car son apparition est tardive.

Un autre détail tendrait à prouver que Daath est l'Alta-Major. Voici comment elle est décrite par Dion Fortune : « Si nous nous remémorons que Daath est située au point où l'abîme sépare le pilier du milieu, que sur ce pilier du milieu existe le sentier de la flèche le long duquel la conscience chemine quand l'âme monte d'un plan à l'autre, que là aussi gît Kundalini, nous voyons qu'en Daath est contenu le mystère de la régénération, la clé de la manifestation de toutes choses, par leur différenciation en paires d'opposés et leur union dans un troisième terme (3). »

Il s'agit ici du processus d'élévation de Kundalini dans Sushumna. Dion Fortune insiste sur le fait que Daath est la clé de cette régénération ou montée, et que celle-ci a lieu par l'union de Ida et Pingala dans un troisième terme. Si nous analysons maintenant le processus d'élévation de Kundalini, nous remarquons que

(1) Dion Fortune, *La Cabbale Mystique.*

l'énergie de la volonté divine descend chez l'initié par le centre Alta-Major, l'unique portail ; et la clé est donc bien Daath. Après cela, l'énergie pénètre dans la carotide, descend le long de l'épine dorsale, s'unit aux deux forces d'Ida et Pingala. Par cette fusion des trois feux, Kundalini peut s'élancer dans la flèche de Sushumna en direction de Kether, le centre coronal. La lumière est alors déversée dans l'homme, passant à nouveau par Daath qui est alors le symbole de la « connaissance transcendantale » ou « claire conscience ». C'est le pont qui permet à cette connaissance illuminée de traverser l'abîme vers Tiphereth, symbole de toutes les descentes divines ou avatars solaires. De là, elle est amenée dans la conscience psychique de Yesod et est rendue objective dans le cerveau où se trouve Malkuth. C'est ainsi qu'ont lieu l'illumination et la réalisation.

Cela dit, nous pouvons maintenant donner les détails des sept autres Sephiroth à partir de Hesed.

Hesed

La Miséricorde est la toute première Sephirah du monde manifesté et peut donc être comparée au premier jour de la création. Hesed est placée sur le pilier masculin et la glande qui lui correspond est la glande pinéale, expression microcosmique de la volonté du centre coronal. Hesed représente la justice, et son double aspect (positif et négatif) vient du fait qu'elle peut être constructive ou destructive : elle signifie dans un sens très large et sur le plan humain l'action de création du monde manifesté (action constructive), et sa réintégration ou réalisation (action destructive) au sein du grand vide. L'ordre angélique de Hesed est celui des êtres lumineux ou Chasmalim. La planète qui la gouverne est Jupiter.

Geburah

La Force est le second jour de la création. Elle est féminine et possède un double aspect puisque, en tant que force en action, elle assemble ou sépare les éléments. Elle correspond à la glande pituitaire qui, elle aussi, est double. Nous pouvons envisager que ce double aspect représente la force œuvrant dans l'homme inférieur et dans l'homme supérieur. Le rôle de la glande pituitaire est aussi d'unir la conscience objective au subconscient, ou l'homme à sa divinité.

Lorsque notre personnalité ou nos pensées se cristallisent et deviennent contraignantes et non expansives, c'est par l'intermédiaire de la force de Geburah qu'elles sont détruites et remodelées selon un archétype plus élevé. Geburah est personnifiée par un guerrier cuirassé et armé d'une épée. Sa planète est naturellement Mars. L'ordre angélique attribué à cette Sephirah est celui des Seraphim, les serpents de feu.

Tiphereth

La Beauté, se trouve sur le pilier central, celui de la synthèse et de l'équilibre. Tiphereth se rapporte au troisième jour de la création (trois étant sa signature astrale). On identifie cette émanation avec le centre cardiaque et par conséquent avec le Christ intérieur et le grand principe de l'amour. En observant le tableau on remarque que l'homme en état de perdition dans le royaume terrestre de Malkuth doit s'élever par Yesod, de là à Tiphereth avant de parvenir à Kether. C'est pour cette raison que le Christ a dit que nul n'irait au Père sans passer par lui. On donne à Tiphereth d'autres appellations telles que : le Fils ou le Dieu sacrifié. Sa planète est donc le soleil. Ses aspects sont la haine, l'arrogance et l'orgueil. L'ordre angélique qui lui est attribué est celui des Malachim, les rois.

Après Tiphereth, nous arrivons aux quatre Sephiroth inférieures. Les trois Sephiroth les plus élevées représentent dans l'homme le prototype de l'esprit divin. Les trois qui suivent, c'est-à-dire Hesed, Geburah, Tiphereth, représentent l'Âme ou le Soi Supérieur de l'homme. Les quatre Sephiroth que nous allons maintenant étudier en forment la personnalité.

Netzach

La Victoire, est masculine et apparaît au quatrième jour de la création. Elle est identifiée au pancréas et au plexus solaire dont nous connaissons tous les bons et les mauvais aspects selon qu'ils sont influencés soit par Hod soit par Tiphereth : le plexus solaire se comporte alors avec un égoïsme extrême ou au contraire une sublime générosité. Netzach est gouvernée par Vénus. Les initiés juifs attribuent à cette émanation le nom de Seigneur des Armées ; souvenons-nous également que les guerriers japonais faisaient du centre solaire (Hara ou Seika Tanden) le centre de la force guerrière et de la vie. L'ordre angélique attribué à Netzach est celui des Elohim, les dieux.

Hod

La Splendeur est le cinquième jour de la création. On lui donne aussi le nom de El Shaddaï. Cette Sephirah désigne les quatre mondes des kabbalistes, à savoir les mondes du feu, de l'eau, de l'air et de la terre. Sa planète est Mercure et le centre qui s'y rapporte est celui qui donne forme aux puissances de l'astral, le centre sacré. Le fait que Hod soit de polarité féminine s'explique très bien : en effet, le centre sacré est symbolisé par l'eau fertilisante et porteuse de vie, et l'eau, comme nous le savons, est l'élément qui fertilise la terre ; il a aussi l'importante fonction de régler toute la vie sexuelle et est donc étroitement associé à la formation des corps, d'où le fait qu'il soit en rapport avec la force des quatre éléments. On lui donne comme vertu, la véracité, et comme vice, la fausseté. L'ordre angélique qui lui est attribué est celui des Fils de Dieu, Beni Elohim. Le centre sacré, de même que les gonades ou organes de reproduction, est attribué à Yesod par Fuller et à Hod par Crowley. Il semble que ce dernier soit dans le vrai, bien qu'à Hod nous puissions attribuer le centre de la rate, si important dans la vivification des quatre éléments.

Yesod

La Fondation, apparaît au sixième et avant-dernier jour de la création. On peut même lui attribuer le dernier jour puisque la Genèse nous dit que le septième jour fut un jour de repos ! Par rapport à Malkuth, le monde de la matière, Yesod en est l'éther animateur. Il est très malaisé de déterminer où se trouve cette force féminine latente appelée Kundalini. Certains auteurs l'ont vue en Yesod, d'autres en Malkuth. En fait, il semble qu'elle soit en sommeil en Malkuth mais qu'une partie de son pouvoir actif commence en Yesod puisque nous savons que l'énergie sexuelle y est étroitement associée. Le fait que la lune soit attribuée à Yesod prouve cette influence très forte du flux et du reflux en Yesod. Yesod est l'équivalent de ce qu'on appelle la lumière astrale et le fait qu'elle soit appelée Fondation vient de ce que toute fondation est basée sur la grande loi de l'attraction et de la cohésion qui est le fondement de toute création. Voilà pourquoi on donne pour correspondance à Yesod l'image des organes de reproduction et on lui attribue les gonades, l'ensemble des glandes sexuelles masculines et féminines. Yesod régit surtout la vie animale de l'homme. La vertu de Yesod est l'indépendance (vertu permettant le contrôle sexuel) et son mauvais aspect est l'oisiveté qui laisse l'homme sans volonté et enclin à céder à ses instincts. L'ordre angélique attribué à Yesod est celui des Kerubim, les puissants.

Malkuth

Le Royaume, est le jour de repos, c'est-à-dire le septième. Cette Sephirah représente le point culminant de la matérialité et forme avec Kether la grande opposition du ciel et de la terre. C'est le secret même de la vie et de la conscience. Malkuth est souvent appelée la Mère inférieure, la Reine, ou la Vierge ; cela se rapporte à Kundalini qui est d'ailleurs appelée la Mère du monde car c'est de sa force féminine que naissent les mondes et les univers. Kundalini dans l'homme est donc responsable de son apparence matérielle. Kundalini est aussi appelée le Feu Serpent, du fait que cette énergie s'élève dans le pilier central de Sushumna de façon ondulatoire. Il existe aussi un rapport avec le cœur angélique attribué à Malkuth, Ashim, les Âmes de feu.

Les deux aspects de Malkuth sont discernement et équilibre. Malkuth en effet représente la matière dans laquelle l'humanité a déchu et où elle est maintenue par la force d'inertie (Kundalini). C'est donc en combattant les oppositions multiples que ce monde nous impose, et en réalisant le parfait équilibre dans nos pensées, nos paroles et nos actes, que s'acquiert le discernement grâce auquel s'équilibre Rigueur et Miséricorde (Ida et Pingala). Alors seulement s'éveillera la Sombre Mère dans le royaume de Malkuth, cette Vierge céleste pourra dès lors s'élever jusqu'à Tiphereth et être glorifiée dans le plus sublime de tous les mariages divins. Ensuite enfin, la Mère céleste ira s'unir au Père céleste dans une union mystérieuse au-delà de la compréhension humaine.

Nous ne prétendons nullement ne pas nous être nous-même trompés dans cette brève étude de correspondances, mais cette étude peut servir de support à une recherche plus poussée pour tous ceux qui s'intéressent à la Kabbale, surtout s'ils la conçoivent comme autre chose qu'une étude intellectuelle et plutôt comme un système expérimental de méditation. En effet, chaque Sephirah ou chaque centre psychique est en étroite relation avec un rayon divin. Les rayons sont au nombre de sept et sont les sept différenciations primordiales de l'énergie qui est tout ce qui existe. La Bible les a mentionnés comme les sept Esprits devant le trône de Dieu. Les kabbalistes quant à eux en ont fait les sept archanges primordiaux. Chaque rayon ou force divine se retrouve dans un centre psychique et conditionne ainsi toute l'entité humaine.

Il me paraît donc intéressant de faire suivre les correspondances sephirothiques des qualités et vices des rayons attachés à chaque centre donné dans les écrits du Tibétain. Cela pourrait permettre au lecteur d'établir d'autres correspondances ou d'approfondir cette étude des centres psychiques.

Centre de la tête

« Premier rayon : volonté ou pouvoir.

— Vertus spéciales : force, courage, fermeté, fidélité résultant d'une absence absolue de crainte, pouvoir de gouverner, capacité de saisir les grandes questions avec un esprit large, de manier les hommes.
— Vices du rayon : orgueil, ambition, entêtement, dureté, arrogance, désir de dominer les autres, obstination, colère.
— Vertus à acquérir : tendresse, humilité, sympathie, tolérance, patience.

Centre Ajna

Cinquième rayon : connaissance concrète.

— Vertus spéciales : notions strictement précises, justice (sans merci), persévérance, bon sens, droiture, indépendance, intelligence vive.
— Vices du rayon : critique dure, étroitesse d'esprit, arrogance, caractère ne sachant pas pardonner, manque de sympathie et de respect, préjugés.
— Vertus à acquérir : respect, dévotion, sympathie, amour, largesse d'esprit.

Centre de la gorge

Troisième rayon : intelligence active.

— Vertus spéciales : vue large sur toutes les questions abstraites, sincérité des intentions, intellect clair, capacité de concentration sur les études philosophiques, patience, prudence, absence de cette tendance à se tourmenter pour soi-même ou pour les autres au sujet de bagatelles.
— Vices du rayon : orgueil intellectuel, froideur, isolement, imprécision quant aux détails, distraction, entêtement, égoïsme, critique exagérée d'autrui.
— Vertus à acquérir : sympathie, tolérance, dévotion, précision, énergie, bon sens.

Centre du cœur

Deuxième rayon : amour, sagesse.

— Vertus spéciales : calme, force, patience et endurance, amour de la vérité, fidélité, intuition, intelligence claire et caractère serein.
— Vices du rayon : se laisser trop absorber par

l'étude, froideur, indifférence à l'égard d'autrui, mépris des limitations mentales chez les autres.
— Vertus à acquérir : amour, compassion, désintéressement, énergie.

Plexus solaire

Sixième rayon : dévotion.

— Vertus spéciales : dévotion, unité d'intention, amour, tendresse, intuition, loyauté, respect.
— Vices du rayon : amour égoïste et jaloux, appui exagéré sur autrui, partialité, tendance à la déception, sectarisme, superstition, préjugés, conclusions prématurées, violentes colères.
— Vertus à acquérir : force, sacrifice de soi, pureté, vérité, tolérance, sérénité, équilibre et bon sens.

Centre sacré

Septième rayon : magie cérémonielle.

— Vertus spéciales : force, persévérance, courage, courtoisie, grand soin dans les détails, confiance en soi.
— Vices du rayon : formalisme, bigoterie, fierté, étroitesse d'esprit, jugement superficiel, trop d'indulgence pour l'opinion personnelle.
— Vertus à acquérir : réalisation de l'unité, élargissement de l'esprit, tolérance, humilité, gentillesse et amour.

Base de l'épine dorsale

Quatrième rayon : harmonie.

— Vertus particulières : grandes affections, sympathie, courage physique, générosité, vivacité de l'intellect et de la perception.

— Vices du rayon : égocentrisme, tendance à se tourmenter, imprécision, manque de courage moral, fortes passions, indolence, extravagance.
— Vertus à acquérir : sérénité, confiance, contrôle de soi-même, pureté, désintéressement, précision, équilibre mental et moral » (4).

---

(1) *Traité sur les sept rayons,* volume I, Psychologie Ésotérique, A.A. Bailey.

XXII.

« Un homme qui lutte avec courage contre ses passions peut en trois ou quatre ans changer son visage même s'il est vieux. »

Maître Philippe.

LES POUVOIRS PSYCHIQUES DES CENTRES

Le développement et l'activité des centres psychiques sont responsables de l'acquisition des pouvoirs de même nature. Quelques mots s'avèrent donc nécessaires en raison des dangers que de tels pouvoirs peuvent créer.

Les pouvoirs occultes ont été l'une des grandes motivations qui ont poussé plus d'un aspirant à l'ascétisme et aux pratiques occultes. Le pouvoir a été et reste encore un important sujet de préoccupation et il ne suffit pas de répéter qu'il n'est pas une fin en soit ou que son obtention ne prouve nullement un avancement spirituel, le fait reste d'actualité et aujourd'hui comme jadis de nombreux aspirants sur le sentier ont été profondément troublés par des phénomènes auditifs ou visuels résultant de la pratique mystique.

Il faut cependant reconnaître que l'attrait vers les pouvoirs est une chose naturelle, non seulement du fait qu'ils sont une conséquence de l'évolution, mais encore parce qu'ils sont (ou supposés être) le symbole d'une maîtrise à laquelle nous aspirons tous. D'autre part les pouvoirs psychiques et spirituels ont fortement choqué l'esprit de ceux qui, ignorants de la nature des lois mises en actions, les considéraient comme de véritables miracles, ce qu'ils ne sont assurément pas.

Tous les grands êtres du passé ont su utiliser et manifester ces possibilités psychiques et spirituelles. Il faut reconnaître cependant que le but n'était pas d'exhiber leur science mais d'appliquer les lois naturelles et universelles du cosmique, et les pouvoirs qu'ils possédaient n'étaient, je le répète, que la conséquence de leur évolution spirituelle et n'étaient utilisés que comme de simples mais merveilleux instruments au service de leur mission sur terre. Qu'il s'agisse de Zoroastre, d'Orphée, de Gautama Bouddha, ou d'êtres comme Apollonius de Tyane, le maître Philippe de Lyon, Cagliostro, ou simplement les mystérieux Rose-Croix, tous sans exception furent détenteurs d'une grande sagesse mais également de puissants pouvoirs, démontrant de cette façon qu'ils avaient transcendé une partie importante de leur nature humaine. Dans les cas cités ci-dessus, il s'agit de pouvoirs spirituels en tant qu'expression directe de l'âme, pouvoirs qui restent la prérogative des êtres libérés. C'est uniquement à ces pouvoirs que se référait le Christ lorsqu'il promit à ses disciples s'étonnant des miracles qu'il accomplissait, qu'un jour ils en feraient de plus grands encore.

Les pouvoirs psychiques inférieurs et supérieurs constituent selon l'avis éclairé des maîtres de sagesse des obstacles à l'état spirituel le plus élevé et le seul fait de s'y intéresser indiquerait pour l'étudiant un manque évident de progrès, car les pouvoirs ne peuvent être utilisés sans danger qu'après l'abandon total de tout désir et de toute passion terrestres. Après cela, lorsque le disciple est capable de penser en terme de conscience de groupe et de vivre profondément de façon fraternelle, et qu'il est presque entièrement dépolarisé de lui-même avec comme dessein immédiat le service désintéressé, alors seulement les pouvoirs deviennent des instruments dociles et utiles au service du plan.

Les dangers de l'acquisition de pouvoirs au service de

ses propres intérêts a été fort bien démontré par la vie du grand yogi Milarépa qui avait utilisé (allégoriquement) deux formes de pouvoir, premièrement ceux de nature inférieure dans la première partie de sa vie, et ceux de nature supérieure dans la seconde partie. Expliquons la différence : les pouvoirs inférieurs résultent uniquement des forces et énergies (anima mundi) de toutes les formes dans les trois mondes et de tous les corps dans les quatre règnes de la nature. Ces pouvoirs sont l'expression des centres psychiques localisés sous le diaphragme. Les pouvoirs supérieurs résultent quant à eux de la conscience non plus individuelle mais collective ; ils englobent les pouvoirs inférieurs et mettent en plus l'homme en communion avec les formes de la vie se trouvant dans les plans supérieurs de la conscience (le royaume des cieux). Les effets de ces pouvoirs supérieurs sont appelés en termes divers, mais en expriment très justement la nature, exemple : perception intuitive, compréhension spirituelle, connaissance directe.

Les traditions orientales ont recensé avec une extrême précision les différents pouvoirs. La liste des pouvoirs de nature inférieure serait trop longue, aussi noterons-nous seulement les huit pouvoirs de nature supérieure. A celui qui a entièrement maîtrisé les huit pouvoirs supérieurs est donné le titre de Siddha, mais il convient d'être très prudent et circonspect en ce qui concerne les adeptes dont la voie est celle des Siddhas. Peu d'entre eux (surtout parmi ceux connus en Europe) ont su associer un développement spirituel parallèle. Décrivons maintenant ces huit pouvoirs :

1. *ANIMA* (exiguité). C'est la faculté que possède l'initié de se faire aussi petit qu'un atome, ou plutôt de s'identifier avec l'essence de la plus petite partie de l'univers dont il est lui-même constitué. Selon Monseigneur Leadbeater, cet organe de vision est formé d'un petit tube flexible de matière éthérique terminé par un renflement en forme d'œil et c'est cet œil

qui, en se dilatant ou en se contractant, permet de voir l'infiniment grand (Mahima) ou au contraire l'infiniment petit (Anima).

2. *MAHIMA* (magnitude). C'est le pouvoir d'augmenter de volume, c'est-à-dire d'élargir le cercle de sa conscience et de parvenir à la plénitude de la connaissance de l'infiniment grand.

3. *GHARIMA* (gravitation). Ceci concerne le poids et la masse, et s'applique à la loi de gravitation qui est l'un des aspect de la loi d'attraction. Un maître japonais d'arts martiaux connaît bien cette technique au point qu'il peut devenir si lourd qu'un agresseur plusieurs fois supérieur en poids et en force ne pourra le remuer d'un millimètre. Ce phénomène a également été observé chez les yogis en état de Samadhi.

4. *LAGHIMA* (lévitation). C'est la possibilité qu'a l'adepte de devenir plus léger que l'air en détournant la force d'attraction de la terre et de s'en détacher. C'est, dit-on, l'opposé du troisième pouvoir. L'exemple le plus beau qui fut manifesté aux hommes est celui du maître Jésus-Christ marchant sur les eaux.

5. *PRAPTI* (réaliser l'objectif). Celui qui possède ce pouvoir a la capacité d'atteindre ses buts en projetant sa conscience dans tous les endroits qu'il juge nécessaire, que ce soit sur le plan physique ou sur le plan cosmique. Ce pouvoir fut depuis toujours très utilisé par les mystiques du monde entier. C'est ce pouvoir qu'utilisa Jésus pour enseigner ses disciples après la crucifixion : « Le soir de ce même jour, le premier de la semaine, toutes portes étant closes par crainte des juifs, là où se trouvaient les disciples, Jésus vint et se tint au milieu d'eux. Il leur dit : "Paix soit à vous !" » (Evangile de saint Jean 20.19.) Prapti développe aussi clairvoyance, clairaudience et télépathie. Il permet de comprendre le lan-

gage de la nature et de posséder le don des langues, comme le reçurent les apôtres de Jésus-Christ.

6. *PRAKAMYA* (la volonté irrésistible). Ce pouvoir confère à l'adepte la possibilité de voir se réaliser tous ses désirs par la force de sa volonté divine, lorsque cette volonté a remplacé en partie la volonté personnelle et que ses désirs sont en parfaite harmonie avec le plan divin. Le couronnement de ce pouvoir a été atteint par le maître Jésus lorsque, sur le point de boire la coupe amère, il s'écria vers son Père : « Que Ta volonté soit faite et non la mienne. » D'après Sivananda, le yogi pourvu de ce pouvoir est capable de rester sous l'eau autant de temps qu'il le désire. C'est aussi ce pouvoir qui permet au yogi de pénétrer dans le corps d'un autre homme et ainsi de l'animer. C'est ce que fit, bien qu'à un degré hautement supérieur, le Christ en adombrant son disciple Jésus.

7. *VASHITVA* (le pouvoir de commander). C'est le pouvoir de se rendre maître des forces élémentaires de la nature en utilisant le pouvoir du son créateur ou mantra. Par le mot sacré, des vibrations sont engendrées dans l'éther et des formes diverses peuvent être produites. On se souviendra de la transformation de l'eau en vin par le maître Jésus, ainsi que de la multiplication des pains. Selon les yogis, ce pouvoir permet également de se rendre dociles les animaux sauvages ainsi que d'avoir un ascendant sur l'esprit des êtres et des choses.

8. *ISHATVA* (le pouvoir créateur). Ishatva concerne le pouvoir qu'a l'adepte de disposer des éléments en leurs cinq formes et de ressusciter la vie sur le plan physique, comme le fit Jésus-Christ avec Lazare. Bien d'autres maîtres ont réalisé ce grand pouvoir spirituel ; tels furent Tomo-Geshè Rimpochè, Babaji, pour ne citer qu'eux.

Comme nous allons maintenant le constater, chaque centre développe certains pouvoirs particuliers. Ceci est le résultat d'exercices mystiques tels que le TRATAKA, c'est-à-dire la fixation du regard sur un objet. Cependant, les pouvoirs résultent surtout d'un triangle constitué de la concentration (DHARANA), de la méditation (DHYANA), et de l'extase contemplative (SAMADHI), état résultant de la montée de Kundalini. Ces trois étapes sont appelées le SAMYAMA. Il existe bien entendu des voies plus spécifiques qui insistent sur le développement des centres psychiques comme le LAYA YOGA ou l KUNDALINI YOGA, tous les deux étant d'ailleurs inclus dans la pratique des techniques tantriques. Voici résumée la qualité des pouvoirs inhérents à chaque centre psychique :

1. *Le centre coccygien* confère selon sa nature même des pouvoirs exceptionnels sur l'énergie de la matière et surtout sur son aspect négatif. Il est donc très dangereux pour celui qui n'est pas parvenu à une pureté morale absolue, pureté morale qui du reste est l'essence même de toutes les branches du Yoga. Le pouvoir de lévitation, le contrôle du mental et du souffle, la connaissance du passé et du futur, la maîtrise du liquide séminal, tout cela résulte de l'activité normale du centre coccygien.

2. *Le centre sacré.* La science orientale explique que deux nadis relient directement le centre sacré à un autre centre d'importance secondaire, le BODHAKA, localisé au sommet du palais, et toute action réalisée sur lui influence automatiquement l'autre. Le centre sacré confère le pouvoir de contrôler l'énergie subtile de l'eau et de maîtriser les désirs du corps. Pour y parvenir, il est nécessaire que l'étudiant apprenne à combattre fortement l'illusion, la répugnance, la luxure, le soupçon et l'indifférence (avec compassion).

3. *Le centre solaire* confère le pouvoir de contrôler toute sa vie végétative et de mettre à volonté le corps physique en profonde léthargie. Par l'activité du centre solaire, la santé se trouve développée et maintenue. L'initié parvenu à contrôler ce centre est supposé ne plus craindre le feu. C'est du reste ce centre qui permet aux Yamabushis ascètes japonais de marcher pieds nus sur des braises ardentes sans souffrir d'aucune douleur ni brûlure... On obtient la maîtrise du centre solaire par la purification des vices comme l'attachement, l'orgueil, la jalousie, la colère, l'indolence et la crainte.

4. *Le centre cardiaque* donne le pouvoir de lire à cœur ouvert dans l'esprit des autres et d'en connaître toutes les pensées. Il confère la possibilité de voir ses désirs et prières réalisés. Il permet d'ouïr le son sacré à l'intérieur du cœur. Le fait de pouvoir contrôler l'élément air signifie que l'adepte peut projeter sa conscience vers toutes les parties du monde, vers un endroit où une personne se trouve, et agir à distance sans avoir à déplacer son corps physique.

   En se purifiant de l'égoïsme, de la vanité, de la cupidité, de l'indécision, puis en développant le sens fraternel, la charité, l'amour et le discernement, on obtiendra sans aucun doute une activité normale du centre cardiaque.

5. *Le centre laryngé* confère une grande puissance sur l'énergie vitale de l'espace et sur le contrôle de la transition. Il permet en outre ce développement de la clairaudience et de la connaissance du passé, du présent et du futur. Il développe la mémoire psychique et donne la faculté de prophétie.

6. *Le centre frontal* confère un pouvoir spirituel immense, celui d'être un membre à part entière de la fraternité des hommes et des femmes rendus « parfaits ». Il détruit tout élément de nature karmique

(négatif) et confère au yogi la totalité des huit pouvoirs majeurs et des trente-deux mineurs. C'est par lui que seront perçus la « lumière dans la tête » ainsi que le « OM » sacré dans sa plus splendide réalité.

7. *Le centre coronal* donne à l'adepte la totalité de tous les pouvoirs ainsi que celui de ne plus en avoir besoin pour agir dans le triple monde inférieur des hommes. Le centre coronal normalement actif permet à l'initié de quitter en pleine conscience son enveloppe physique. De plus, ce centre est le portail de la complète libération, de l'acquisition d'un pouvoir divin de nature intraduisible et inexprimable.

Il convient, après ce bref résumé, de ne pas commettre l'erreur qui consiste à croire qu'un seul centre permet les facultés énumérées alors que les pouvoirs n'agissent que par l'intermédiaire de plusieurs centres à la fois. D'autre part, les effets engendrés dans le monde phénoménal n'offrent qu'une valeur relative et limitée si l'on en croit les dires des plus grands maîtres dont l'unique but était la réintégration finale au sein de la divinité. Ainsi donc, avant de porter une attention excessive sur l'obtention des pouvoirs psychiques, n'oublions pas les sages paroles du Seigneur Christ : « Cherchez d'abord le royaume de Dieu et sa justice, tout le reste vous sera donné par surcroît. »

XXIII.

« Alors Yahve Dieu modela l'homme avec la glaise du sol, il insufla dans ses narines une haleine de vie et l'homme devint un être vivant. »

Genèse 2,7.

LA SCIENCE DU SOUFFLE EN OCCIDENT

« Dieu souffla dans les narines, et l'homme devint une âme vivante. »

La grande loi de la vie est donc contenue dans le souffle et sa vitalité qui, depuis toujours, a maintenu la vie de l'homme et du système solaire tout entier.

Le souffle de Dieu est le respir de l'homme. Que celui-ci cesse de prendre l'air quelques instants et sa forme se désintègre. Par conséquent, nous pouvons affirmer que l'air et la force de vie qui lui est inhérente est l'une des plus grandes richesses de l'homme sur la terre.

En Occident, on parle à tous vents de cette science que les hindous appelle « Pranayama » ou le contrôle du Prana, science qui au demeurant a toujours été la prérogative des traditions authentiques tant de l'Orient que de l'Occident.

La science du respir

Le respir, ou science du Pranayama, est avant tout l'art de la vie créatrice. Par le rythme et au moyen du rite, le respir entraîne l'homme au sein de la pulsation du grand tout universel. L'intérêt que le monde occidental porte à la respiration, tant sur le plan sportif (santé) que mystique (harmonie), témoigne d'une reconnaissance subjective du grand principe de vie. On peut prévoir que, dans un proche avenir, les techniques et exercices de respiration seront quotidiennement pratiqués, après avoir été soigneusement adaptés à chaque cas particulier. Nous pouvons déjà voir les résultats positifs de l'accouchement sans douleur. Plus tard, les psychologues apprendront les effets plus subtils de réajustement et d'équilibre qui résulteront de l'art de bien respirer, surtout en ce qui concerne les états émotionnels et nerveux ; cette étude est déjà entreprise mais se base encore sur le rythme et non sur l'effet du Prana (non encore reconnu par la science).

Prana

Avant de parler des Pranayamas, définissons ce qu'est le Prana. Nous avons dit que cette essence était le principe même de la vie ; elle est la totalité de toute l'énergie vitale contenue dans l'univers, dont l'homme est une étincelle vivante. Les Orientaux considèrent le cœur comme le siège du Prana car c'est le sang qui en est le principal véhicule et parce que c'est le cœur qui apporte à la forme la vie, le mouvement et l'être, comme l'exprime fort bien un axiome biblique, il n'existe qu'une seule force appelée Prana, cependant ses fonctions et ses effets peuvent être multiples.

Prana signifie énergie vitale. C'est un mot sanskrit dérivé de PRA (au-dehors) et de AN (vivre-respirer). PRA-AN ou PRANA est donc lié à la vitalité. Quelquefois le Prana est assimilé aux émotions et aux désirs, mais il est en réalité le pouvoir producteur qui unit par la force attractive et répulsive, car le Prana est au sein de chaque cellule dans tous les règnes de notre terre. A ce propos, Paracelse le Rose-Croix disait :

« Tout le microcosme est potentiellement contenu dans la *liquor vitae,* un fluide nerveux dans lequel se trouvent la qualité, le caractère et l'essence de tous les êtres. »

Paracelse, en parlant du fluide nerveux, se référait au Prana, précisant que le Prana est aussi le responsable des sensations perçues par nos sens objectifs, sens illusoires pour certains systèmes philosophiques du fait que le corps physique dense ne doit pas être considéré comme ayant une existence indépendante, mais comme étant sous la dépendance entière de son principe dirigeant et vital qu'est le Prana appelé aussi corps éthérique, fluidique. C'est ce corps qui est l'animateur de l'enveloppe terrestre. Lorsque, à la mort, le corps éthérique se détache du corps physique (la corde d'argent ou lien éthérique les reliant tous les deux se détache alors de son point d'ancrage dans le ventricule gauche du cœur), la forme terrestre se désintègre, n'étant plus soumise à la force attractive et cohésive du Prana.

De nos jours, l'homme vit encore l'existence quaternaire du monde. Son centre de conscience est encore bien bas, cependant les eaux de l'émotion et du désir commencent progressivement à se purifier par le feu de l'amour et l'idéal spirituel contenu dans le souffle divin. Très longtemps l'homme a expérimenté les lois de l'univers par le seul biais de ses cinq sens. Le corps pranique et éthérique est le prochain but à atteindre ; ce sera le champ nouveau d'expérimentation de l'homme (actuellement accessible aux disciples). Cela se manifestera tout d'abord par la faculté naturelle (de naissance !) de voir le plan éthérique et par-là même de mieux diriger les courants de force dans le corps, de guérir par conséquent la plupart des maladies dont les racines se trouvent dans ce tissu de lignes de force entrecroisées (cancer, inhibition, frustration, congestion, etc.).

Le corps éthérique est donc d'une très grande importance, puisqu'il est l'intermédiaire entre la forme physique et son champ de perception émotionnel ; d'autre part, il permet à l'âme d'être en rapport avec son milieu terrestre grâce aux systèmes nerveux. Le corps éthérique a donc de grandes propriétés, mais son utilisation dépend de l'alignement et de l'activité normale et harmonieuse des çakras, véritables tourbillons de force servant d'entrée aux sept grandes qualités de la force universelle. Ces sept centres psychiques affectent et développent l'homme depuis sa nature terrestre et animale jusqu'à sa nature la plus divine. En ce qui concerne le çakra spécifique à la réception et à la distribution du Prana, voyez le chapitre consacré au centre de la rate.

Pranayama occidental

La question doit être maintenant posée : Les Occidentaux sont-ils aptes à pratiquer les formes de Pranayama de la Yoga hindoue ?

Nous répondrons que cela dépend des cas mais qu'en règle générale leur pratique n'est plus nécessaire car certaines techniques sont inutiles et d'autres trop puissantes et par conséquent dangereuses. Cela tient au fait que notre frère oriental, par des siècles de vie ascétique et végétarienne, s'est formé un corps dont la vitalité et les systèmes nerveux sont plus sains et plus puissants que les nôtres. Aussi, sachant qu'il n'y a pas de hasard à naître ici plutôt qu'ailleurs, il faut nous résigner en tant qu'Occidentaux à apprendre la leçon de la civilisation et de la science concrète. A ce titre, nous ne sommes nullement défavorisés puisque nous sommes pourvus d'un intellect et d'un esprit pratique (mental) et créateur. Le lecteur aura donc bien compris que le seul yoga nécessaire à l'aryen (type mental) est l'équivalent du RAJA YOGA qui est parfaitement enseigné dans des traditions de pure influence occidentale comme celle des Rose-Croix, par exemple, dont l'influence bien connue a toujours opéré au sein même de la civilisation, où l'intellect quelque peu égocentrique par nature doit finalement acquérir le sens de la fraternité, de la synthèse.

L'Oriental dans son contexte aura pour but immédiat le contrôle de sa nature émotionnelle. « Tue le désir », ne cessait d'enseigner Bouddha. C'est de là que vient la nécessité impétueuse de l'ascétisme.

Néanmoins, il faut reconnaître que l'Occidental doit cependant se préoccuper de son corps vital. Mais, en raison de sa faible qualité physique, il entreprendra cet effort avec prudence et discernement. C'est ici que la technique orientale ne convient plus... Car le contrôle du mental par le corps physique (HATHA YOGA, PRANAYAMA, etc.) est, pour le type occidental, dépassé. Sa ligne de moindre résistance est au contraire le contrôle direct du mental qui, une fois purifié et parfaitement maîtrisé, entraînera les énergies qui lui sont immédiatement inférieures et qui s'expriment par l'instinct, l'émotion, les désirs et surtout le rythme respiratoire. Ainsi, tous ces aspects seront parfaitement rendus à leurs fonctions véritables.

Rythme respiratoire

Dans le HATHA YOGA (adapté à l'Occidental et bien souvent déformé), le yogi cherche le contrôle du mental par le moyen de la respiration, étant donné que celle-ci a pour effet d'écarter le voile des qualités inférieures des pensées, de purifier les courants éthériques (nadis) et de rendre le mental stable et clair, favorisant ainsi la concentration.

Cependant, nous ne devons plus aller du bas vers le haut, mais au contraire transmuer l'inférieur par le supérieur. Expliquons-nous :

Le yogi, cela est bien connu, obtient de merveilleux résultats par un acte puissant de volonté relatif à une technique quelconque (respir par exemple). La volonté humaine ou l'acte objectif de vouloir est un aspect fondamental de la technique orientale et les rites invocatoires à la divinité le prouvent. Patanjali qui compila l'enseignement oral des Yogas il y a dix mille ans avait inauguré des techniques basées sur cet aspect de la volonté du fait que c'était, à cette lointaine époque, le meilleur moyen de maîtriser (souvent en force) la puissance attractive du désir au sein de la race. Cela a fini par créer dans l'individu un centre respiratoire automatique fonctionnant comme intermédiaire entre l'homme conscient et l'homme inconscient. Je rappelle que de nos jours personne ne fait d'effort de volonté pour digérer ses aliments, il suffit seulement de choisir de bons aliments. Il en est de même pour les Occidentaux (je parle des disciples sur le sentier) qui ont à leur service le mental comme moyen de direction.

Centre psychique du respir

« Le centre respiratoire qui dirige les actions involontaires de la respiration se trouve dans la moëlle allongée ; celle-ci est un bulbe spinal (bulbe rachidien) qui se trouve au sommet de l'épine dorsale. Sa fonction est de conduire les impulsions entre le cerveau et la colonne vertébrale. Ce centre agit automatiquement. Il a une activité rythmique semblable à celle des muscles du cœur. Il est très sensible à une stimulation par réflexe. Le centre respiratoire est lié aux nerfs crâniens et spinaux et à leurs canaux. Un nerf sensoriel affecté par de l'eau froide, un bruit, une peur, etc. affecte le centre respiratoire et par-là, le souffle. C'est la glande pituitaire qui contrôle le cœur et la respiration, elle transforme les énergies grossières en énergies plus subtiles (1). »

(1) *Fragments de Sagesse Rosicrucienne,* A.M.O.R.C.

Comme cela est expliqué, il existe une étroite relation entre la respiration volontaire (reliée au cerveau) et la respiration involontaire ou automatique (reliée au centre du bulbe rachidien). Aussi existe-t-il un risque pour l'Occidental à « vouloir » imposer un certain rythme à son souffle et par conséquent à son cœur, du fait que son « vouloir » dépend de critères tels que la valeur de son instructeur, de son enseignement. Même si l'exercice est pratiqué dans les nombreuses conditions requises, dans bien des cas la nature émotive est encore très active et le cœur prend un rythme nécessairement plus rapide pour réparer l'usure ou la dévitalisation. Imposer un rythme au souffle dans ces conditions a pour effet de provoquer des conséquences désastreuses, principalement au niveau du cœur car ce rythme est anormal (risque de congestion, d'asthme, de maladie du cœur, etc.). Le lecteur aura compris que c'est dans cet acte de volonté que réside le mauvais aspect de la pratique inconsidérée du Pranayama en Occident.

La sagesse des maîtres d'Occident avait prévu ces choses et, dans les techniques qu'elle a élaborées, la respiration physique n'est plus nécessaire puisque le centre psychique du respir s'harmonise automatiquement avec les pensées dès lors qu'une vibration de paix profonde et de détachement s'instaure au niveau du mental.

Il y a donc une forme de violence à vouloir imposer un rythme à sa respiration sans avoir au préalable réalisé un rythme calme et équilibré dans sa vie quotidienne. On y parviendra par l'acquisition d'un juste discernement, d'une compréhension plus vraie des valeurs, d'un détachement envers ce qui n'est qu'illusion puisque transitoire, par une confiance absolue en la justice divine et surtout par une attitude impassible et sereine devant l'épreuve et l'adversité. Il faut maintenir cet état intérieur de paix profonde et cultiver sans cesse l'amour envers autrui. De cette façon seulement souffle, émotion et cœur se synchroniseront sur la vibration de l'âme et cet état de conscience appelé l'illumination cosmique pourra finalement être atteint.

La juste pensée n'est pas dogmatique. Elle ne dépend pas d'un credo ou même d'un enseignement qui imposerait certaines règles qui elles-mêmes susciteraient l'appui de la volonté humaine. Non ! La pensée juste est une reconnaissance intuitive et claire du dessein divin et l'intention d'en devenir l'instrument. C'est la transmutation de la volonté humaine, cause de désharmonie, en intention ou volonté divine, cause d'équilibre et de permanence. Nous pouvons résumer en disant que le corps éthérique est vitalisé et contrôlé par la pensée illuminée qui l'amène en fin de compte à fonctionner pleinement et correctement. Cela s'accomplit en Occident par le mental et non par des exercices respiratoires.

L'énergie créatrice du Prana

Le Prana qui est pris dans les exercices de respiration, étant le véritable pain de vie, a pour dessein principal de nourrir et de vivifier, mais il peut aussi brûler et détruire, provoquer des hémorragies, des congestions, mener le disciple imprudent aux pires catastrophes comme par exemple la destruction des cellules nerveuses entraînant la folie voire la mort.

N'oublions donc jamais que le souffle est double, actif et chaud, ou passif et froid. C'est ce qui donna les techniques de Pranayama utilisant les narines gauche et droite *(suryabheda ou sukha purvaka pranayama).*

Cette respiration physique (inspir et expir des poumons) n'est que le symbole microcosmique d'une grande vérité occulte, de la loi divine de création qui comporte, comme chacun le sait :

— Un stade d'inspiration, où la vie pénètre dans la forme.
— Un stade de rétention, où la vie s'identifie à la forme.

— Un stade d'expiration, où la force élevée et vivifiée est restituée à sa source.

Il est courant de dire, en Orient, que l'énergie suit la pensée, et en Occident, que la pensée est créatrice. Voyons pourquoi... Lorsque le Prana est emmagasiné, par la technique du Pranayama, un effet défini a lieu au niveau des centres psychiques tout autant qu'au niveau des formes de pensées résultant d'une visualisation quelconque. Prenons l'exemple d'un néophyte sans discernement et sans guide : si pendant l'exercice du respir sa conscience est polarisée vers le plexus solaire (comme le conseillent parfois de malheureux gourous d'occasion), le centre éthérique solaire sera nourri et vitalisé, ainsi que sa fonction qui est de nature affective, et l'hypersensibilité émotionnelle sera renforcée avec pour conséquence, crainte, doute, haine, inhibition, etc. Admettons maintenant que ce même disciple n'ait pas encore obtenu un contrôle de sa nature sexuelle créatrice, il en résultera une stimulation exagérée du centre correspondant et la manifestation anormale d'obsessions. Il ne faut donc jamais oublier que le Prana nourrit autant le bon que le mauvais. C'est pour cette raison qu'il est conseillé aux disciples avancés de se concentrer dans la tête pendant les exercices de respiration, et aux débutants de se purifier en se consacrant au service envers l'humanité.

Formes-pensées et Prana

Un résultat identique à ce qui vient d'être dit a lieu au niveau des pensées (c'est en cela que réside le secret du pouvoir de création). En effet, lorsqu'une image est nettement visualisée dans la conscience, la rétention respiratoire a pour effet de donner vie et force à cette image, de la matérialiser en quelque sorte. Pendant l'expiration, cette forme-pensée pourra, du fait de sa densité, être projetée et atteindre son but (si celui-ci bien entendu est constructif dans son dessein).

La respiration chez un individu sain spirituellement sera profonde et naturelle. Une telle respiration est la preuve qu'un tel homme est libéré de la peur sous ses nombreuses formes (2) ainsi que d'une bonne partie de sa nature égocentrique. Les troubles respiratoires quant à eux sont en rapport avec le cœur et concernent l'établissement d'une juste relation avec l'entourage que l'on peut symboliser par l'utilisation de l'air en commun. Ces troubles dénotent l'existence d'un centre individuel de vie autant qu'une participation de tous à la vie collective et universelle.

Ce bref résumé n'a aucune prétention si ce n'est celle de mettre en garde les Occidentaux travaillant soit sous la direction de quelque débutant en Pranayama, soit avec l'unique lecture d'ouvrages traitant des différents yogas.

Effet du Prana

Pour finir cet exposé, notons tout de même les effets engendrés par les Pranayamas en Orient, et par certains exercices adaptés à des cas particuliers en Occident.

— *La maîtrise externe* du prana utilisant la science du souffle par les poumons au moyen de l'oxygène (Orient) met les organes physiques et les centre nerveux (émanés des nadis et du corps éthérique) dans une condition d'harmonie.
Elle a aussi pour résultat l'oxygénation du sang et son épuration d'où découle automatiquement un retour vers une santé puissante et magnétique. Le

(1) La peur congestionne le plexus solaire et cela empêche l'ouverture complète de la cage thoracique, c'est pourquoi les personnes craintives et introverties ont beaucoup de mal à se redresser.

seul Pranayama hindou utilisé par les néophytes occidentaux est celui du UJJAYI PRANAYAMA qui est extraordinairement bénéfique au bon maintien de l'organisme.
La synchronisation et la coordination entre les vibrations physiques et éthériques de l'être ainsi que la transmission des forces éthériques à sa contrepartie physique.

— *La maîtrise interne* du prana, que nous conseillons plus particulièrement à l'occidental, se réalise de trois façons :

- Par la compréhension et la connaissance de la nature éthérique, ainsi que par la connaissance concrète des systèmes nerveux et glandes endocrines.
- Par l'étude des centres psychiques et la qualité de leurs différentes énergies.
- Par l'obtention d'un rythme mental harmonieux et équilibré dans la vie quotidienne (purification de la nature émotion-désir). Lorsque ce stade est entièrement réalisé, le disciple est prêt et le maître intérieur arrive. Alors seulement et avec moins de risque la pratique de certains exercices supérieurs de respiration pourra être entreprise et appliquée avec la plus grande sagesse.

XXIV.

« Je suis la résurrection. Qui croit en moi, fut-il mort, vivra, et quiconque vit et croit en moi ne mourra jamais. »

Saint Jean II,25.

L'AURA

Il me semble, après maintes réflexions, important de traiter de ce délicat sujet qu'est l'aura, et cela pour plusieurs raisons. La première est que l'aura humaine fait partie intégrante du grand Tout akashique dont nous avons parlé dans le chapitre consacré à la création. La seconde découle de la première : en effet, l'aura est rendue puissante et lumineuse au fur et à mesure du développement harmonieux des différents centres et des états de conscience qu'acquiert l'homme au cours de son évolution. Troisième raison enfin : certains ouvrages expliquent de façon parfaitement erronée ce qu'est l'aura et comment la développer.

Essayons donc de définir l'aura le plus simplement possible. Toute matière, toute forme de vie, qu'elle soit atome, pierre, homme ou planète, baigne dans un océan de force et d'énergie divines ; ainsi, un être humain, à l'égal d'une simple pierre, émet une radiation que nous appelons « aura ». Cette radiation provenant de l'être réel et de ses différentes enveloppes a longtemps été mise en doute par la science, tout comme le corps éthérique dont elle émane. De nos jours cependant la science a suffisamment progressé pour acquérir des preuves irréfutables rendant crédible ce que les mystiques du passé ont toujours soutenu, à savoir qu'il existe autour des corps vivants un rayonnement qui peut être perçu et de nos jours mesuré grâce à certains appareils hautement perfectionnés. La photographie d'une aura ne fait plus sourire personne ; il ne s'agit pourtant que de la photographie du rayonnement le plus dense, celui qui émane du corps physique et que nous appelons : « aura de santé ». Dans un avenir proche, des appareils encore plus perfectionnés aideront à percevoir l'activité vibratoire des fréquences électromagnétiques et psychiques.

L'histoire religieuse ne manque pas d'exemples se référant aux bienfaits de l'aura des saints et des yogis et bien des cures ont été réalisées par la seule présence du malade dans l'aura puissante d'un maître. On se souvient notamment des guérisons obtenues par les croyants qui, au seul contact du manteau de Jésus, se trouvaient guéris. Je ne nie absolument pas la possibilité de guérison psychosomatique où la foi est l'élément essentiel, mais ce serait méconnaître les pouvoirs de l'aura que d'attribuer toutes les guérisons au seul support de la foi.

Voici une intéressante définition de l'aura qui nous permettra d'en développer quelques principaux aspects :

« Aura : Champ magnétique ou électrique qui entoure en particulier le corps animal et qui contient des couleurs dues à la fréquence vibratoire de l'énergie de ce champ. Une telle énergie est due au développement psychique et aux forces vitales du corps. L'aura change de couleur au cours de l'évolution psychique, passant d'un violet très vif à un blanc très pur dans les états les plus avancés. L'aura est visible dans certaines conditions et a été photographiée. Elle peut affecter certains instruments dont la réceptivité a été parfaitement réglée. Toute cellule vivante a son aura et il en est de même des groupes de cellules (1). »

(1) *Manuel Rosicrucien,* Éditions Rosicruciennes.

L'aura est la conséquence de certaines énergies en activité dans notre champ de conscience. Ces énergies, qu'elles proviennent du soleil ou de l'Âme, sont emmagasinées dans l'homme grâce à ses centres psychiques ; lorsque ceux-ci sont actifs, l'aura le devient également. Les centres déterminent la nature et la qualité de l'aura. Plus les centres sont élevés, plus le rayonnement de l'aura est large et bénéfique. En dehors de l'aura de l'Esprit, dont la vibration n'est perçue que lors des dernières initiations, il existe trois feux dont la fusion compose l'aura humaine :

— Le rayonnement spirituel de l'Âme dont les fréquences vibratoires ne peuvent être perçues que par les très hauts initiés.
— La radieuse lumière dorée du corps éthérique ou vital alimenté par le centre de la rate.
— La lumière sombre qui indique la lumière latente cachée au sein de l'atome.

Le développement de l'aura dépend donc surtout de l'activité normale et unifiée de ces trois feux. Voici comment s'illumine l'aura au cours du temps :

Lorsque, par la discipline et le service, un homme commence à recevoir en lui les énergies solaires provenant de son Âme, une stimulation puissante a lieu au niveau de son corps vital et les millions de nadis s'illuminent jusqu'à ce qu'ils deviennent le « corps glorieux incorruptible ». Cela a pour effet de stimuler fortement les atomes du corps physique de telle manière que chacun d'entre eux devienne à son tour une petite sphère rayonnante. C'est ainsi que, lors des toutes premières expériences de méditation et de contrôle mental, la lumière des atomes sera perçue par le méditant comme une lueur légèrement diffuse au niveau des cellules cérébrales. Plus tard, après une longue pratique, le méditant commencera à percevoir un véritable soleil de feu à l'intérieur de sa tête. Cela résulte de l'union des énergies éthériques du corps vital (positif) et des énergies du corps physique (négatif). Dans les hauts degrés de contemplation et d'illumination, la lumière du soleil devient plus petite, plus brillante et plus puissante ; on dit alors que la lumière électrique de l'Âme s'est unie aux deux autres. C'est dans cette union triadique qu'apparaît l'étrange rayonnement éblouissant de l'aura et la radiation aurique très puissante au niveau de la tête qui fut même quelquefois perçue par des non-clairvoyants et que l'on a souvent représentée sur les icônes nimbant la tête des saints et des prophètes (quelle que soit la religion). L'aura atteint dès lors une telle fréquence vibratoire qu'elle mène l'initié au portail de la « Transfiguration ». Une telle aura, comme nous l'avons déjà dit, dépend de la mise en activité et de l'interaction des quatre centres psychiques qui sont : le centre coronal, le centre solaire, le centre cardiaque et le centre coccygien.

L'aura étant une radiation de l'homme réel ne peut devenir puissante et magnétique que lorsque le disciple est parvenu à un stade avancé de raffinement physique, émotionnel et mental. Une aura épanouie est donc la conséquence d'une parfaite intégration, et purification, des trois corps de la personnalité sus-mentionnés avec l'Âme son principe adombrant.

La Triple Aura

L'aura la moins élevée est appelée aura de santé car, lorsqu'un homme est en bonne santé, il possède une accumulation d'énergie vitale, qu'il aura trouvée dans la nourriture, la boisson et la respiration, qui s'irradiera à environ quatre ou cinq centimètres de la surface de son corps. Le clairvoyant perçoit l'aura de santé sous la forme de lignes droites allant de la surface du corps dans toutes les directions. Lorsqu'un organe est malade, l'endroit correspondant rayonne plus faiblement et les rayons de lumière deviennent flous et faibles.

Le rayonnement du corps astral ou émotionnel est

beaucoup plus subtil. Il s'étend lui aussi tout autour du corps physique ; ses vibrations sont très sensibles à tout ce qui est de nature émotionnelle (passion, désir, haine, etc.). Cette émanation peut avoir de vingt-cinq à quarante centimètres de large.

Le rayonnement du corps mental est beaucoup plus large que celui du corps astral. La fréquence vibratoire de cette aura dépend surtout du degré de développement intellectuel. On constate également que plus l'intelligence cosmique est élevée, plus l'aura mentale devient pure et d'une exceptionnelle splendeur.

Seule l'union et l'harmonie parfaite entre ces trois auras peut invoquer l'aura élevée de l'Âme et les faire fusionner toutes les quatre dans un même feu consumant et transfigurant.

Les Formes-Pensées

Le penseur qu'est l'homme véritable est enveloppé de plusieurs auras qui seront utilisées pour construire ce que nous appelons une forme-pensée et que certains nomment des « clichés », c'est-à-dire une vibration particulière émanant soit de l'aura astrale, soit de l'aura mentale. La couleur de cette forme-pensée est déterminée par sa qualité et sa forme le sera par sa nature.

Revoyez d'autre part ce qui a été dit dans le chapitre consacré aux Pranayamas. C'est le centre de la rate qui donne aux formes-pensées une puissance cohésive leur permettant d'atteindre leur but respectif. Lorsqu'un homme est peu évolué et que sa conscience objective est presqu'entièrement focalisée sur sa nature animale et ses instincts, l'aura astrale est peu élevée et les vibrations engendrent des couleurs, véritables signatures astrales de vices ou vertus de la personnalité, comme l'a justement décrit le grand clairvoyant C.W. Leadbeater :

« Nous dirons que le noir signifie la haine et la méchanceté ; le rouge, dans toute sa gamme, du sombre rouge brique à l'écarlate brillant, indique la colère ; la colère brutale se manifeste par des éclairs rouge sombre traversant d'épais nuages bruns, pendant que la noble indignation se montrera comme de l'écarlate très vif qui sera loin d'être laid quoique déplaisant par son éclat ; un rouge sombre repoussant, presque exactement ce qu'on appelle « rouge sang de dragon », est l'indice de passions animales et de tous les désirs sexuels (2). »

Les pensées qui émanent du niveau de l'aura mentale se colorent donc des différents désirs et passions de l'astral. Elles peuvent cependant être d'une grande élévation spirituelle ; dans ce cas l'aura mentale fusionne avec la douce et lumineuse irradiation de l'Âme elle-même. Dans un tel cas, nous verrons apparaître des formes-pensées constructives et utiles qui sont souvent perçues dans l'aura d'un tel homme sous la forme de figures géométriques d'une grande netteté.

Cependant, comme le lecteur a pu le remarquer, il est difficile, voire impossible de dresser un tableau des couleurs et des sentiments. Ceux-ci en effet varient à l'infini ; ils apparaissent, colorent l'aura puis disparaissent avec une grande inconstance, surtout chez l'homme ordinaire. Il existe néanmoins une couleur ou note fondamentale qui peut être perçue par le clairvoyant initié et qui indique très clairement le niveau d'évolution atteint par un homme. Cette couleur difficilement perceptible est, quant à elle, relativement stable. Un tableau de correspondances est possible, cependant les nuances sont très variées entre deux notes et il faudrait un volumineux ouvrage pour toutes les décrire. Aussi ne donnerons-nous que quelques exemples simplifiés :

D'une façon générale, ce qui appartient à la gamme des jaunes se réfère à l'intellect ; un jaune lumineux indique une intelligence élevée. Toutes les teintes bleues

---

(2) *Les Formes-Pensées,* par Annie Besant et C.W. Leadbeater.

sont l'indication de sentiments spirituels et profondément religieux ; le bleu azur démontre un esprit de renoncement et d'aspiration. Si par exemple le sentiment d'affection s'unit à l'adoration, une douce couleur violette apparaîtra dans les contours de l'aura. Comme on peut le remarquer, l'aura change de couleur selon nos pensées et nos sentiments, de même que la note fondamentale de cette aura s'épanouit en harmonie avec notre conscience intérieure.

L'aura, en un mot, est la qualité du rayonnement de n'importe quelle forme de vie. Ce que perçoit donc le clairvoyant est une impression intuitive de ce rayonnement ; un contact avec la qualité vibratoire de ce rayonnement se produit et est enregistré par les délicats récepteurs que sont nos centres psychiques eux-mêmes reliés au système nerveux grand sympathique. L'impression vibratoire d'une aura ne possède en réalité aucune couleur ; cependant l'impression des hautes vibrations de l'aura perçues par le grand sympathique sera transmise au système cérébro-spinal puis au cerveau afin d'être interprétée, c'est là seulement que les vibrations acquièrent formes et couleurs.

Formes-Pensées et Aura

Les formes-pensées créées à chaque seconde de sa vie, qu'elles soient de nature affective ou strictement mentale, par un homme de nature égoïste et égocentrique, sont toujours dangereuses : en effet, les pensées générées restent dans la périphérie de son aura et s'y accumulent au point de le séparer totalement du monde qui l'entoure et de l'enfermer aussi sûrement qu'une prison dont les murs épais représentent l'« illusion ». C'est ce mur qui nous ferme à la perception du réel en nous et autour de nous.

Si aucun effort n'est entrepris pour changer la nature de telles formes-pensées, c'est-à-dire l'intérêt personnel et l'égoïsme, ces formes-pensées deviennent de plus en plus puissantes, en fonction de l'attention qui leur est portée, au point qu'un tel individu devient la victime de ce qu'il a lui-même créé et qui se transforme en « obsession ». La nécessité de changer sa façon de penser a été très bien démontrée par le Dr H.S. Lewis qui affirmait que « de petites pensées font de petits hommes ». Il arrive également que les formes-pensées soient projetées vers l'aura d'un individu ou d'un groupe engendrant ainsi des effets déterminés par la qualité des formes-pensées. Prenons l'exemple d'une forme-pensée puissante et malsaine envoyée vers un groupe passif (ou réceptif) à ce genre de sentiment, cela créera au sein du groupe des idées obsessionnelles dont la conséquence sera de jeter un nuage d'illusion dans l'esprit des membres de ce groupe et les portera à accomplir des actions dites inconscientes comme le sont par exemple les manifestations de rue, les modes vestimentaires, les suicides collectifs, en bref tous les actes de fanatisme et d'extrémisme. C'est ce qui caractérise les membres des sectes qui, dans la plupart des cas, subissent passivement les formes-pensées d'un instructeur, que celui-ci soit un initié ou un parfait charlatan. Cependant, lorsque ces formes-pensées négatives sont projetées vers une personne saine de corps et d'esprit se produit « l'effet boomerang » ou choc en retour ; en effet, dès lors qu'un homme est en harmonie avec son Âme et l'Âme Universelle, il élève les vibrations de son aura et acquiert ce qui est appelé une « toison d'or » ou un « manteau blanc », c'est-à-dire un véritable bouclier aurique qui, dans certaines conditions, permettra d'être protégé aussi bien des formes-pensées que des méfaits de nature matérielle ; ainsi, la forme-pensée ricoche littéralement sur ce bouclier aurique et revient vers celui qui l'avait envoyée, engendrant les effets destructeurs dûs à sa nature. Au contraire, les formes-pensées dirigées vers une personne que l'on aime et que l'on veut protéger demeurent dans son aura comme un véritable gardien qui cherchera toutes les occasions de défendre et d'aider, selon son dessein, celui vers qui elles furent envoyées, affaiblissant de cette manière les tendances négatives de l'aura. Une bénédiction, par exemple, est une forme-pensée puissante qui fait office d'ange-gardien. Tout ceci était bien connu des initiés du Moyen Âge, comme le prouvent les écrits de Paracelse, médecin et mystique rosicrucien du XVIe siècle.

« La force vitale n'est pas enfermée dans l'homme, mais elle rayonne autour de lui comme une sphère lumineuse, et on peut la faire agir à distance. Dans ces rayons à moitié naturels, l'imagination (3) de l'homme peut produire des effets sains ou morbides. Elle peut empoisonner l'essence de la vie et causer la maladie, ou bien la purifier une fois qu'elle a été souillée et rendre la santé. Nos pensées sont tout simplement des émanations magnétiques qui, en quittant notre cerveau, pénètrent dans la tête des autres et y portent, avec un reflet de notre vie, l'image de nos secrets. »

Aura et Initiation

Comme nous l'avons constaté, ce sont nos pensées qui tissent les formes et les couleurs de l'aura. Il faut donc être vigilant à chacune de nos pensées et de cette façon purifier notre aura afin que, par cet intense travail, il nous soit donné de toucher la périphérie de l'aura du Christ intérieur que le Nouveau Testament nomme « le bord de son vêtement ». Il est impossible à un disciple de s'élever en conscience jusqu'à cet état christique ou de s'approcher de l'aura d'un maître cosmique ; cependant, lorsqu'un tel disciple est jugé digne, il est mis en contact avec un initié ou une école initiati-

---

(3) Paracelse pense certainement en parlant d'imagination de cet art que nous appelons visualisation qui est un art magique permettant la construction de formes-pensées à partir de notre imagination.

que dont la mission sera d'élever l'aura de ce disciple afin qu'il puisse un jour pénétrer dans l'aura du maître sans danger.

Dans l'initiation, l'aura est donc d'une importance capitale puisque l'initiation est la méthode qui consiste essentiellement à produire la libération de l'être réel qui apparaît de façon subtile dans l'aura au fur et mesure que les différents corps (dont le matériel est le plus dense) sont purifiés. L'être réel devient alors radiant et se présente sous l'apparence d'une lumière ou d'un feu flamboyant ; c'est uniquement sous cette apparence volatile et éthérée qu'une transmutation pourra être réalisée et qu'une fusion aura lieu avec le plan des Maîtres de Sagesse (l'aura du 5e règne).

Nous savons que les règnes minéral, végétal, animal et humain sont apparemment séparés les uns des autres mais que, par le biais de l'évolution de la vie, les consciences élémentaires du règne minéral doivent finalement s'élever et être transmuées dans le règne qui lui est supérieur, le végétal. Il en est ainsi jusqu'au plan du règne divin. Ainsi, lorsqu'une forme s'est élevée au sommet de son propre règne, intervient un processus que l'on nomme radio-activité. Cela signifie que cette forme, après de longs cycles d'existence, a permis à l'essence spirituelle intérieure d'être libérée afin de pouvoir se fondre ou s'harmoniser avec le règne supérieur. Il est inutile d'insister sur les effets de la radio-activité, phénomène bien connu des scientifiques. Au niveau du règne végétal existe aussi un état identique de radioactivité dans des plantes comme le ginseng et l'eucalyptus. Le règne animal quant à lui subit le phénomène de radiation par son contact avec l'homme. Enfin, du règne humain on peut dire qu'il devient radio-actif au moment de la sublime initiation que l'on nomme « Transfiguration ».

La transfiguration est l'unique moment où l'aura parfaitement synchronisée sur la note de l'Âme devient à tel point brillante et rayonnante qu'elle peut devenir visible aux yeux de la chair. C'est ce qu'il advint à Moïse qui, après avoir communié avec la lumière de la volonté divine (centre coronal), descendit du Sinaï entouré d'un tel rayonnement qu'il dut se servir d'un voile pour en masquer l'éclat auprès des Hébreux. Plus tard, ce rayonnement aurique sera à nouveau rendu visible en la personne de Jésus-Christ :

« Et il fut transfiguré en leur présence ; son visage devint resplendissant comme le soleil et ses habits devinrent éclatants comme la lumière. »

Ces deux exemples sont les plus connus mais il existe des centaines d'initiés qui ont atteint cet état spirituel. Autre exemple : au Moyen Âge, les rosicruciens qui étaient parvenus à passer par le portail étroit de cette haute initiation cosmique étaient appelés des « illuminati » ; cet état préparait l'initié à atteindre la perfection humaine qui faisait de lui un « réalisé ».

C'est par les vibrations de cette lumière émanant du Christ intérieur que l'homme transfiguré peut être « élevé ». Le Christ historique n'a-t-il pas affirmé lorsqu'il vînt parmi nous : « Je suis la lumière du monde. » C'est cette lumière qu'il faut développer en nous sous la forme d'une aura de feu puissante, magnétique et lumineuse car, par notre propre lumière, nous élèverons la lumière des autres et, par l'union de toutes leurs auras, les membres de la fraternité humaine deviendront un seul corps, une seule Âme, une seule vérité. En un mot, ils manifesteront la perfection divine sur la terre sous la forme d'un grand brasier d'amour divin où disparaîtront nos faiblesses et nos limitations humaines, tant il est vrai, comme le dit la Bible, que notre Dieu est un Dieu consumant.

XXV.

> « Il vous a tous formés de terre. Il vous y fera retourner et vous en retirera de nouveau. »
>
> Mahomet.

LA TRANSITION

Nous avons abordé, dans les chapitres précédents une série de sujets se rapportant à quelques-unes des parties essentielles de l'homme et tout particulièrement aux centres psychiques. Nous avons tout naturellement parlé de la création et de la vie au sein de la forme. Nous terminerons donc cet essai par un chapitre consacré à la plus haute expérience que chaque homme fait un jour ou l'autre : la « transition », puisque les centres psychiques et le corps vital sont intimement liés au processus de restitution appelé communément la mort.

La définition la plus juste de la transition semble être : absence de conscience. Les hommes ne devraient pas s'effrayer de la transition puisque, chaque nuit, ils meurent à la vie du monde physique pour naître à la vie cosmique. Bien entendu, la vie est Une, tout comme la conscience, mais cette dernière s'exprime sur l'un ou l'autre plan. Donc, mourir chaque soir signifie seulement oublier le monde objectif, ce qui rejoint la définition de la transition. Ainsi, la transition n'est en réalité qu'une cessation de la conscience objective du monde physique, pendant un temps relativement plus long que le sommeil ordinaire. La différence entre ces deux états réside dans la corde d'argent le long de laquelle la force vitale de l'âme afflue vers l'enveloppe physique en reliant cette dernière à l'âme : dans le sommeil, elle est conservée intacte tandis que dans la transition elle est rompue, empêchant ainsi l'entité de réintégrer sa demeure de chair, laquelle, privée de sa force vitale et cohésive, finit par se désintégrer. La transition peut donc être considérée comme étant le moyen d'abstraire hors de la forme le principe de vie et de conscience vers le cosmique.

Utilité de la transition

L'homme n'est pas véritablement la forme à laquelle il s'identifie trop souvent. Il est la conscience ou âme-personnalité qui développe perpétuellement ses propres capacités latentes. L'âme n'a rien à apprendre, elle est parfaite et pure. Mais, comme elle n'a pas le moyen de se reconnaître en tant qu'âme, elle doit développer une personnalité qui, au cours de milliers d'incarnations, par l'expérience de la vie terrestre, parviendra un jour à cette perfection qui est le lot de tous ceux qui ont réalisé le Soi Divin, c'est-à-dire l'identification et la fusion entre la personnalité et l'âme.

Les expériences de l'homme sur terre n'ont pas toujours été constructives et spirituelles. Il y a donc nécessité pour lui de se dégager des conditions anciennes et d'en perdre, sinon la mémoire, du moins le souvenir. Lorsque la conscience intérieure s'éveille, et cela se retrouve dans tous les règnes de la nature, l'extension de la force en constant déploiement rejette la forme contraignante et se réincarne dans une autre forme plus adéquate à sa nouvelle expression.

Nous avons déjà parlé de la corde d'argent qui relie l'âme à son véhicule terrestre. Cette corde d'argent est ancrée à trois endroits du corps, mais seuls nous intéressent ici les deux torons attachés l'un au cœur, l'autre aux alentours de la glande pinéale. Au moment de la transition, il y a un retrait de ces deux attaches éthériques ayant pour conséquence la rupture du troisième toron attaché au centre coccygien, la désintégration de la forme en ce qui concerne l'attache du cœur et une perte de conscience en ce qui concerne l'attache du cerveau. Dans certains comas préparatoires à la transition, seul reste le fil de vie ancré dans le cœur alors que le lien de conscience a été définitivement détaché.

Les trois portails

Dans certaines traditions, il est fait mention de trois portails localisés dans le corps, par où sort l'âme du défunt.

Le premier se trouve dans le centre solaire, endroit d'où la force vitale était sensée partir chez les samouraïs, au moment du seppuku ou hara-kiri. C'est en général par ce centre de désir et d'émotion que l'âme de l'homme mauvais ou ordinaire se dégage, car la conscience des hommes primitifs est surtout dirigée et influencée par le plexus solaire. Lorsque la conscience sort par ce centre, l'homme en perd automatiquement conscience, c'est ce qui arrive au médium en transe dans les séances de spiritisme.

Le second portail, qui caractérise un stade plus avancé, est le centre du cœur, centre des hommes bons et équilibrés. Lorsque la conscience sort par ce centre, l'homme n'en perd pas totalement conscience.

Le troisième portail est situé vers la fontanelle. Les Tibétains possèdent une technique particulière qui consiste à se concentrer, chaque soir, pendant des années, sur le sommet du crâne, juste avant de s'endormir, afin de parvenir à percer la fontanelle éthérique, au moyen d'un mantra. Une fois le résultat obtenu, il devient facile à l'initié (nous parlons bien sûr de l'initié avancé) de quitter à volonté son enveloppe physique en pleine conscience cette fois, à l'encontre des médiums passifs et inconscients.

Processus occulte de la transition

Lorsque l'âme a décrété que le temps de vie sur terre était terminé, l'énergie commence à opérer un retrait. Lors de ce processus de transfert, un clairvoyant peut voir les centres psychiques s'éteindre petit à petit : les quarante-neuf points lumineux s'éteignent pour se fondre dans les vingt et une lumières, lesquelles, à leur tour, sont absorbées dans les sept lampes ou centres psychiques majeurs. Avant que ceux-ci ne s'obscurcissent définitivement, se produit une intensité lumineuse qui indique la rupture irréversible de la force vitale d'avec son ancien habitacle, le corps physique.

Lorsque l'âme a engagé le processus de retour dans le Cosmique, elle agit sur certains centres du cerveau et, de là, sur les nadis qui s'organisent alors en conséquence.

La première phase du processus de transition affecte tout particulièrement le sang, siège de la vie. Certaines glandes endocrines injectent dans le sang une substance mortelle qui touche le cœur. C'est cette substance qui est la cause du coma préparatoire à la transition (il existe par ailleurs d'autres formes de comas qui précèdent la guérison).

Au moment où le coma provoque une action réflexe sur le cerveau a lieu la rupture entre les nadis du corps éthérique et le système nerveux physique. La dernière attache ancrée dans le cœur se détache alors et la vibration de la vie s'élève par le nerf vague jusqu'à la fontanelle. Là, l'énergie vitale exerce une action sur la fine membrane de matière éthérique qui se perfore, laissant ainsi s'échapper la force de la vie. Le détachement de l'enveloppe corporelle a lieu lentement avec une grande douceur, tandis que le corps se détend, en commençant par les yeux.

Ce processus n'est pas toujours vécu consciemment. Cependant des contacts spirituels établis entre des initiés avancés, dotés de clairvoyance et de clairaudience, et des moribonds, ont laissé apparaître qu'au cours de cette phase de transition, ces derniers se sentaient baignés dans une grande paix, tandis que leurs corps semblaient de plus en plus légers. Certaines personnes plus sensibles perçoivent même la couleur des entités angéliques collaborant au travail divin, ainsi que les membres de la famille céleste prêts à les accueillir.

C'est alors que la vue physique semble faire place par transposition à la vue spirituelle qui permet au moribond, conscient du processus, de contempler l'autre univers où l'attend sa nouvelle famille.

Pendant l'extériorisation, le corps psychique prend vaguement le contour de la forme qu'il anima au cours de sa vie terrestre ; cela est réalisé grâce à la forme-pensée de lui-même échafaudée depuis sa naissance.

Dans le cas de personnes non évoluées, ce corps éthérique peut s'attarder longtemps dans le voisinage du corps physique en voie de décomposition, car l'attraction opérée par l'aspect matériel se trouve être plus forte que l'attraction de l'âme. Noublions pas que de l'autre côté du voile, l'homme garde intacts, sa personnalité, ses tendances, ses vices ou sa réalisation.

Durant la période transitoire, et ceci a été notamment constaté dans les hôpitaux, le fantôme éthérique est quelquefois visible sous l'aspect d'une forme lumineuse qui reste près du corps du mourant pendant plusieurs heures ou plusieurs jours. De même, ces formes lumineuses peuvent être parfois vues près des tombes. Ce phénomène qui n'a rien d'extraordinaire ou de maléfique a pourtant provoqué la prolifération d'une multitude de superstitions erronées. Cependant, il faut savoir qu'il existe des entités attachées à la terre par le désir, mais elles sont peu nombreuses en comparaison de ce que les esprits imaginatifs ont créés.

Pendant les quelques jours qui suivent la transition, le défunt peut subjectivement conseiller, aider, soulager sa famille, ses amis chers, par l'intermédiaire des rêves et grâce à l'intuition. Quant aux âmes peu évoluées, elles restent dans un état comateux pendant plusieurs mois ou plusieurs années sans avoir conscience d'être passées par le processus de la transition. Ce plan astral ou plan des formes-pensées est un état de conscience illusoire dont le disciple bien préparé doit se libérer pour s'élever vers la pure lumière divine du Cosmique (1), atteignant ainsi l'étape de la véritable seconde mort.

Dans ce royaume de paix, les âmes libérées et purifiées de toute influence des mondes qu'elles viennent de quitter auront le privilège de séjourner dans l'une des douze demeures divines, comme dans l'une des douze chambres d'un grand Temple, et d'y habiter jusqu'au moment de leur réincarnation (2). C'est à ce royaume divin que faisait allusion Jésus lorsqu'il disait qu'il y avait plusieurs demeures dans la maison de son Père.

Les âmes désincarnées qui se retrouvent dans l'une de ces demeures vont se préparer en méditant sur les erreurs vécues. Par le repentir sincère, elles seront bénies et purifiées de toutes leurs fautes, mais il n'est pas question pour ces âmes d'échapper à la responsabilité des dettes karmiques qui sont la conséquence des erreurs de l'incarnation passée.

Dans certaines des douze demeures, il est possible à ceux qui sur terre s'étaient dévoués par amour au service de leurs frères de poursuivre ce travail de service en projetant leur conscience vers l'humanité, étant

---

(1) *Le Livre des Morts Tibétain* et le *Livre des Morts Egyptien* font mention du transfert de cet état de conscience astrale dans la claire lumière de l'âme.

(2) *Les Demeures de l'âme,* H. Spencer Lewis, Editions Rosicruciennes.

entendu que l'âme ne peut absolument pas descendre sur terre si ce n'est au moment de la nouvelle incarnation. Ces aides cosmiques qui sont des aides invisibles réalisent le même travail que celui qui est accompli par l'homme incarné durant les heures de sommeil.

L'avenir est proche où l'on enseignera que la transition est moins pénible que la naissance car elle est un processus de « libération » alors que lors de la naissance l'âme vient véritablement habiter sa future prison. Il est donc à souhaiter qu'une meilleure compréhension du processus de la transition puisse apporter aux esprits angoissés un certain apaisement. Comprendre une chose, c'est la reconnaître librement et l'accepter. Mais il ne faut surtout pas la désirer car, comme l'enseignait le Maître Philippe de Lyon : « Il vaut mieux rester dans cette existence-ci le plus longtemps possible. Une minute est précieuse. Ce qui est supprimé sera à refaire. »

CONCLUSION

Les Occidentaux affirment avec justesse que l'homme est tel que sont ses glandes endocrines. Les Orientaux, quant à eux,affirment que l'homme est tel que sont ses centres psychiques. Il semble en fait que le mécanisme de l'homme, incluant sa personnalité toute entière, forme un tout qu'il appartient à chacun de perfectionner, au niveau des glandes, des systèmes nerveux, d'une psychologie pratique ou des centres psychiques, afin que l'Âme puisse, à travers ses différents véhicules, exprimer sa beauté, sa force et son intelligence.

Lorsqu'une Âme, par la loi d'harmonie, est attirée vers un corps pour s'y incarner, elle reçoit comme héritage du passé un corps pourvu de certaines facultés ainsi que de certaines faiblesses d'ordre psychologique et physique. Un tel être aura pour devoir de remédier aux faiblesses en comprenant que, si l'Âme n'a rien à apprendre car en tant qu'expression du divin elle est déjà parfaite, un important travail doit néanmoins être accompli au sein de l'expression humaine (centres psychiques et glandes endocrines), afin de rendre la personnalité à ce point sensible et parfaite qu'elle puisse répondre aux impulsions de l'Âme.

L'homme n'est donc pas le résultat figé de ses mécanismes de manifestation, mais celui de l'harmonie qu'il réalise avec son Âme au cours de chaque incarnation, au fur et à mesure des efforts constructifs entrepris au cours de sa vie terrestre pour communier plus étroitement avec son principe divin et en manifester les attributs.

L'homme s'incarne dans des corps de plus en plus purs, échappant progressivement au karma de l'incarnation difficile dans des familles humaines atteintes de certaines tares héréditaires. Ayant compris cela, un homme aura l'impétueuse mission d'essayer, dans la mesure de ses capacités mentales et psychiques, d'en arrêter le cours. L'hérédité n'est pas éternelle et l'être dont l'effort aura permis l'élévation de la conscience et la purification du corps éthérique et physique produira, par le pouvoir créateur de la reproduction, des véhicules sains que d'autres, (ou nous-mêmes), habiteront un jour, comme mérite de nos efforts passés.

C'est à chacun de choisir son devenir et de reconnaître, par l'étude de son mécanisme, ce qu'il « est », et ce à quoi il aspire à « devenir ».

Il semble difficile, voire impossible, de conclure un sujet aussi vaste, peu ayant été dit et tout restant à découvrir.

Le souhait le plus ardent que je puisse maintenant formuler est que cet essai motive des chercheurs de formation scientifique pourvus d'un cœur généreux et d'une conscience mystique, afin que soient entreprises des recherches plus approfondies dans le domaine du psychisme et de l'endocrinologie riche en perspectives pour les races futures.

Je terminerai sur la pensée d'un éminent Maître rosicrucien, pensée qui marquera de son sceau le dessein de cet ouvrage avec l'espoir que celui-ci éclairera un peu l'esprit errant du chercheur solitaire :

« Le temps est venu où toutes choses doivent être rétablies dans leur pureté primitive et où nous avons à préparer pour le monde, en un acte de fraternité sans exception, la paix suprême qui est sa destinée ! Pax Vobis ! »

(Fr. Hiéronymus, *Imperator.)*

BIBLIOGRAPHIE

Manuel Rosicrucien, Editions Rosicruciennes.
Les Glandes, nos invisibles gardiennes, Dr W. KAPP, Editions Rosicruciennes.
Essais d'un mystique moderne, Dr H.S. LEWIS, Editions Rosicruciennes.
Fragments de sagesse rosicrucienne, R. BERNARD, Editions Rosicruciennes.
Les Demeures de l'âme, Dr H.S. LEWIS, Editions Rosicruciennes.
La Guérison ésotérique, A.A. BAILEY, Editions Lucis, Genève.
Les Rayons et les initiations, A.A. BAILEY, Editions Lucis, Genève.
Traité sur les sept rayons, A.A. BAILEY, Editions Lucis, Genève.
Traité sur la magie blanche, A.A. BAILEY, Editions Lucis, Genève.
Les Formes-pensées, A. BESANT et C.W. LEADBEATER, Publications théosophiques.
La Cabale mystique, Dion FORTUNE, Editions Adyar, Paris.

La Pratique de la méditation, Swami Sivananda SARASVATI, Editions Albin Michel, Paris.

La Puissance du serpent, A. AVALON, Dervy-Livres, Paris.

Les Chakras, C.W. LEADBEATER, Editions Adyar, Paris.

La Doctrine Secrète n° 6 (miscellannées), H.P. BLAVATSKY, Editions Adyar, Paris.

Les Fondements de la mystique tibétaine, Lama Anagarika GOVINDA, *Spiritualités Vivantes,* Editions Albin Michel, Paris.

Corps subtil et corps causal, Tara MICHAËL, Le Courrier du livre, Paris.

Les Glandes endocrines, J. DECOURT, Collection « Que Sais-je ? ». P.U.F.

Le Livre des Morts Tibétains, Librairie d'Amérique et d'Orient, Adrien MAISONNEUVE, Paris.

Catéchisme des enfants de l'ère atomique, Editions Saint-Alban, Paris.

The Etheric double, A.E. POWELL, Londres, 1960.

TABLE DES MATIÈRES

Prologue 9

Chapitre I. — La création 19
Dieu origine de toutes choses 20
Première union Père-Mère 21
Le Père ou Esprit Divin (1er Logos) 23
La Mère ou Matière Intelligente (3er Logos)... 23
L'union cosmique du Père et de la Mère 24
Le Fils ou Feu Solaire (2e Logos) 25
Akasha et Prana 28
Chapitre II. — Apparition des centres 33
Développement des centres 34
Les centres et les races 35
Eveil des centres 37
Chapitre III. — Le corps vital et les nadis .. 41
Ida, Pingala, Sushumna 44
Le nombre des centres 47
Chapitre IV. — Centres psychiques et glandes endocrines ... 51
Le centre coccygien 54
Les glandes surrénales 58
Muladhara çakra 65
Chapitre V. — Le centre sacré 67
Les gonades 72
Svadhisthana çakra 77

Chapitre VI. — Le centre de la rate 79
La rate.......................... 79
Chapitre VII. — Le centre solaire 83
Le pancréas 87
Manipura çakra.................... 91
Chapitre VIII. — Le centre cardiaque 93
Le thymus 96
Anahata çakra..................... 101
Le cœur.......................... 102
Chapitre IX. — Le centre laryngé 107
La glande thyroïde 110
Visuddha çakra 115
Les glandes parathyroïdes............... 116
Le centre Alta-Major 117
Chapitre X. — Le centre frontal 119
L'hypophyse (ou glande pituitaire) 122
Ajna çakra 127
Le troisième œil 128
Chapitre XI. — Le centre coronal 131
La glande pinéale (ou épiphyse)............ 134
Sahasrara çakra.................... 139
Les çakras mineurs 140
Chapitre XII. — Les systèmes nerveux......... 143
Chapitre XIII. — La colonne vertébrale........ 151
Chapitre XIV. — Le cerveau 155
Dangers et maladies du cerveau............ 158
Le crâne 159
Chapitre XV. — Le sang.................. 161
Chapitre XVI. — Les centres et l'initiation 167
Chapitre XVII. — Kundalini et centres psychiques 171
Chapitre XVIII. — Centres de force et sacrements dans l'église 177
Chapitre XIX. — Les centres et la guérison 185
Chapitre XX. — Les centres dans l'Apocalypse de saint Jean......................... 189
Chapitre XXI. — Les Sephiroth et les centres... 195
Kether, Hochmah, Binah 197-198-199
Hesed, Geburah, Tiphereth 203-204
Netzach, Hod, Yesod, Malkuth 205-206-207
Centre de la tête, centre Ajna, centre de la gorge 208-209

Centre du cœur, plexus solaire, centre sacré...
Base de l'épine dorsale.................... 209-210
Chapitre XXII. — Les pouvoirs psychiques des centres.................................. 213
Chapitre XXIII. — La science du souffle en Occident.................................. 221
La science du respir.......................... 221
Prana.. 222
Pranayâma occidental........................ 224
Rythme respiratoire.......................... 225
Centre psychique du respir.................. 226
L'énergie créatrice du Prana............... 228
Formes-pensées et Prana..................... 229
Effet du Prana................................ 230
Chapitre XXIV. — L'aura..................... 233
La triple aura................................ 236
Les formes-pensées........................... 237
Formes-pensées et aura....................... 239
Aura et initiation............................ 241
Chapitre XXV. — La transition............... 245
Utilité de la transition...................... 246
Les trois portails............................ 247
Processus occulte de la transition........... 248

Conclusion.................................... 253
Bibliographie................................. 257

Achevé d'imprimer en décembre 1992
sur système Variquik
par l'imprimerie SAGIM
à Livry-Gargan

Dépôt légal : février 1993
N° d'impression : 189